大夏书系·语文之道

追求·更高品质的阅读教学

中学语文名师课例
深度剖析

罗晓晖 / 冯胜兰
著

华东师范大学出版社

ECNUP

全国百佳图书出版单位

序 1

序说：课堂教学中的几个重要问题 3

课例 1

肖培东

《皇帝的新装》

一、教学流程概述 3

二、主要视角：语文课型 5

三、以课型为主要视角的观察和评论 7

四、回归学科，审视得失 16

课例 2

韩军

《背影》

一、教学流程概述 21

二、本课的课型定位 25

三、文本分析的主要问题 26

四、本课的其他问题 36

课例 3

郭初阳
《愚公移山》

一、教学流程概述   43

二、关于本课的文本分析与评价   46

三、文本评价课怎么上?   50

四、小结   57

课例 4

余映潮
《我的叔叔于勒》

一、教学流程概述   61

二、本课亮点   65

三、课型定位及教学重点的处理   66

四、本课得失:关于文本评价鉴赏课   71

五、小结   79

课例 5

黄厚江
《阿房宫赋》

一、教学流程概述   83

二、课型定位   86

三、本课的两个问题   88

四、本课的其他问题   91

五、小结   97

课例 6

王君
《老王》

一、教学流程概述   101

二、课型定位及教学重点   105

三、本课的文本细读问题   107

四、本课的其他问题   113

课例 **7**

尤立增

《咬文嚼字》

一、教学流程概述　　　　　　　　　　　121

二、课型定位及教学重点　　　　　　　　124

三、作为文本分析课的两大问题　　　　　126

四、"咬文嚼字"实例分析　　　　　　　131

五、本课的其他问题　　　　　　　　　　136

六、小结　　　　　　　　　　　　　　　141

课例 **8**

诗词教学课例批注与评析

一、程红兵《雨霖铃》教学实录批注　　　145

二、肖培东《诗词五首》之《饮酒》《春望》评析　　164

后　记　　　　　　　　　　　　　　　185

序

这是一本呼吁教师保持理性的书。

这是一本敦促名师保持谦逊的书。

这是一本希望语文老师一起来探讨阅读教学品质的书。

我们认为，深入探索语文学科的学理，认真思考语文教学的章法，对于保持良好的教学判断力，绝对是有必要的。

长久以来，名师课例作为教学的示范性案例，具有广泛的影响。应该说，这些课例发挥了一定的积极作用，形塑了许多教师的教学理解。然而，名师课例远非完美，多数课例中还存在着学理的隔膜，乃至知识的谬误。为了语文教学的发展利益，名师课例的得失，需要被严格审视。

这是一本剖析语文名师课例的书。在书中你看到的，更多的不是赞扬而是批评。在这个世界上，虚假而动听的话太多，但真诚而有益的批评太少。我们认为盲目的赞扬非但无益，反而有害——悦耳却不恰当的赞扬，是对广大教师的误导，同时也是对名师们的羞辱。求真求实，这是做专业工作所必需的态度。只有尊重学理的批评，才能推动教学的进步。

　　本书中的课例，都遵循以下标准来选择：第一，该课例所涉及的课文，均属于语文教材中的名篇，且尽量覆盖散文、小说等教材文本的主要类型。第二，该课例的执教者，均在最为著名的语文名师之列，且在语文教学上被公认有所建树。第三，这些课例均有相当大的影响，为很多教师所熟悉。第四，课例多属文本分析课、文本评价（鉴赏）课这两大着眼于能力发展的基本课型。这样的选择标准，更有利于广大教师获得更为全面的专业思考机会。要在此强调，本书对所有课例均秉持理性来展开分析。但任何分析都不可能回避分析者自身的观点，不持立场是不可能的。

　　对于每个人来说，批评与自我批评，都是进步的路径。

　　真理才是唯一的权威。

　　各位名师与包括我们在内的广大教师同是语文人，都在为语文事业的发展不断探索。孔子说，"可与言而不与之言，失人"。基于这一观点，我们不揣浅陋地讲出我们对名师课例的意见，并提出我们对提升阅读教学品质的一些看法。

　　我们要批评，我们也欢迎反批评。

　　读者若有指教，我们将热烈欢迎。我们尤其欢迎质疑和批评。谢谢！

罗晓晖　冯胜兰

2019 年 9 月 12 日

序说: 课堂教学中的几个重要问题

　　语文教学中，大量的时间花在了阅读教学方面。追求更高品质的阅读教学，是提升语文教学整体品质的关键。

　　我们认为，名师课例的评析是一个好的抓手。首先，这些课例都是名师们精心打造的，代表了这些名师对阅读教学的理解水平、实施水平，在一定程度上代表了我国语文教育界阅读教学的最高水平，它们在相当多的语文教师中被认为是"高品质"的，因而具有评析的价值。其次，这些课例中反映出来的问题，同样也具有代表性——存在于名师课例中的问题也一定普遍存在于普通教师的阅读教学中。它们多半属于语文教学中未被注意或未被解决的问题，只有关注并解决了这些问题，才有可能把我国的阅读教学往更高品质推进。

一、学科课型: 这堂课是"大杂烩"吗?

　　语文学科中，究竟存在哪些课型，依据怎样的标准来划分课型，至今仍是众说纷纭。我们认为，课型的合理划分，有助于教师合理地确定教学目标和教学内容，有利于培养学科思维，进而达到切实的教学效果。

学科知识与能力，始终是学科教学的第一要义。依据语文学科本身的知识与能力要求来划分课型、实施教学，是最为恰切的。

语文课程是一门学习语言文字运用的综合性、实践性课程。综合性是多重维度的，包括学科素养的整合、课程目标的整合、课程资源的整合、课程知识的整合、课程实践的整合，等等。我们认为，在现行教材的编排体系下，一个单元内部的整合，是教学首先要面对的任务。针对一个单元，我们通过知识与能力类型的梳理，整合设计出七种语文课型（最后两种属语文教学所必有，非单元教学所必有），具体如下：

（1）预习与语言基础知识学习课；

（2）文本分析课（对文本的分析，涉及与语义提取相关的部分语用知识的理解）；

（3）文本评价鉴赏课（对文本的评价和鉴赏，涉及与鉴赏相关的部分语用知识的理解和运用，也可能涉及作为背景知识的部分文学知识、文学史知识和文化常识）；

（4）文学知识与文化知识学习课（上述环节结束后进行的对该单元涉及的文学知识、文化常识等的学习与讨论）；

（5）训练课（例题讲解，以及包括语文知识练习、阅读与表达练习在内的学生练习，及对练习的讲评）；

（6）语文综合实践活动课（以语文学习为主要目标的综合实践性课程）；

（7）语文学科阅读课（包括语文知识读物与校本语文读物的阅读、名著导读、整本书阅读等）。

其中，预习与语言基础知识学习课，属于前置课型。在这一课型中，学生以单元为单位，在教师指导下完成整个单元的自主阅读，自主解决属于语言基础知识的字词问题，勾画、圈点、做批注，提出有待解决的各种问题。从能力层级上来说，这一课型主要立足于"识记"和"理解"，让学生自主体验文本，自主体验学习。

文本分析课和文本评价鉴赏课，属于阅读教学的两个主体课型。文本分析课，以单篇课文为教学材料，旨在培养学生分析文本的能力，实现对文本的准确理解。从能力层级上来说，这一课型，主要立足于"分析与综合"。文本评价鉴赏课，可以单篇课文为教学材料，也可以单元内多篇课文为教学材料，旨在培养学生评价、鉴赏（着眼于艺术形式的评价）文本的能力。从能力层级上来说，这一课型，主要立足于"评价鉴赏"和"探究"。这两种课型对培养学生的学科思维能力具有重要的意义。其中，"分析与综合"属于思维发展中最核心的部分，"评价鉴赏"和"探究"本质上也是靠"分析与综合"支撑的。

文学知识与文化知识学习课是以单元为单位进行的，在文本分析与评价鉴赏完成后，对该单元涉及的文学知识、文学史知识、文化常识等进行统一教学。从能力层级来说，这一课型主要涉及"识记""理解"。我们反对在文本分析之前，就开始进行作家作品、时代背景的介绍，这不利于学生运用自身的分析综合能力来实事求是地理解文本。关于作家作品、时代背景的知识，不是文本阅读教学的主体性知识，而是关于文本的背景知识，不可以喧宾夺主。在文本理解与评价鉴赏完成之后，再来理解文本及作者的文学史地位，从具体文本递升到文学史，我们认为这样的顺序更为合理。

训练课、语文综合实践活动课，着重体现能力层级中的"表达""运用"。语文学科阅读课，属于综合性和拓展性课程。对于阅读教学来说，这几种属于延伸课型，除训练课之外，都属单元教学之可有，非单元教学所必有。

我们主张，任何一堂语文课，都必须定位于以上七种课型中的一种，做到课型的"纯化"，以此确保教学目标的高度聚焦，学习任务的高度统一，能力指向的高度明确。按这样的课型来实施，有利于学生在知识与能力上获得显著的进步。

我们据此观察，本书中的名师课例，大量存在"课型杂糅"的现象:《皇帝的新装》《阿房宫赋》《咬文嚼字》，这些课例均设立了四个以上的教学任务。这样的课，容易使得教学遍地开花而不结果，全面用力而无突破。这是不利于学生的知识理解与能力发展的。

每一篇课文，"可教之处"不可谓不多，名师们尚且如此难以取舍，何况普通的一线教师！我们应该经常问自己：这堂课是不是一个"大杂烩"？对此，我们的课型分类，算是提供了一种可能的解决方案。一堂阅读课究竟教什么，执教者首先要思考课型定位，据此设定教学内容，确立学科能力（思维）

发展目标。

二、学科立场：这是在教语文吗？

语文课程的性质是："语文课程是一门学习语言文字运用的综合性、实践性课程。"这句话其实蕴含了两层含义：一是语文学习的内容，二是语文学科的性质。"学习语言文字运用"，规定了语文学科教学的内容应该是"语言文字运用"，而绝不能把语文课上成政治课、历史课、地理课等其他课。每位执教者有义务时刻追问自己：我这堂课究竟让学生学到了什么语文知识，培养或提升了什么语文能力？一堂课究竟是不是"语文的"，在多大程度上是"语文的"，课堂教学究竟在何种意义上体现了学科理性，这是非常基本的教学问题。

在语文学科素养中，"语言"是最核心、最基础、最"学科"的。关于"学科核心素养"，我们的观点是：任何一个学科的核心素养，都是指运用该学科的符号系统（学科的知识系统）处理相关任务的能力，亦即从该学科的角度发现问题、思考问题及解决问题的智能（能力）。语文课应该牢牢抓住这一点。

本书所列的名师课例中，《背影》讲深沉的生命哲学，《老王》宣称哪怕处于"活命"状态也可以"高贵"，都是脱离文本或偏离文意的思想引导。我们完全理解执教者的人文关切，也理解他们展现人文高度的企图心。但是，任何学科的人文性，都是建立在学科理性的基础之上的，都必须符合学科教学的性质。

三、学科方法：这样的方法是恰切的吗？

阅读教学是一个过程，这个过程中需要方法。教师如果能够通过教学实践总结出行之有效的方法，让学生的阅读能力有所提升，那么这堂课就是成功的。很多教师在课堂教学的过程中，比较重视方法的总结和提炼。

从本书剖析的名师课例中，我们观察到一种现象：名师们都热衷于总结各种方法给学生，但名师们所总结的方法，要么本身存在问题，要么根本不能运用于实践之中去解决问题。对于知识的内在肌理、知识的结构关系所决定的知识理解路径和能力形成方法，一般都不得要领。如果教师所总结的方法不能够被学生有效运用，那么，这样的方法，就不能叫作方法。

例如《老王》课例中提到的"咬文嚼字"，只是提出了一个方向，即要求学生的阅读必须精细到字句层面，而不是关于怎么"咬"、怎么"嚼"的具体方法。再如《咬文嚼字》中提出"宏观把握、微观推敲"的文本理解方法，也只是文本理解的一般性原则，并非可操作的具体方法。《我的叔叔于勒》中"欣赏短篇小说展开故事的视角""欣赏短篇小说不同人物的性格"等，均只是"任务描述"而不是"方法描述"。只有明确的、可操作的方法和路径，才能够帮助学生解决问题。

四、学养和学理：是不是在"炫才""炫技"？

本书所选课例，皆出自名师之手。在学养上，名师可谓远超于一般教师。但我们遗憾地看到：不少名师学科功底不足，有的表现为对文本理解不透彻，有的表现为对文本特质把握不准确，有的表现为对概念、术语的理解混淆不清，有的表现为缺乏基础性的学理思考。

比如《雨霖铃》课例中，有学生提出"念去去，千里烟波，暮霭沉沉楚天阔"一句属豪放风格而出现在婉约派词作之中是否有些矛盾，教师的回答却是，"豪放"和"婉约"是后人的评论，"没有必要拘泥于风格的划分"。这明显回避了学生的提问。我们认为，教师对学科问题的回避，通常是学养不足造成的。再如《我的叔叔于勒》课例中，师生多次提到了"铺垫""衬托""烘托"和"对比"等术语，而教师本人对术语的含义无力厘清，因而也采用了回避的方式。

文本理解是否到位常常决定了教学内容是否正确，而文本特质在很大程度上决定了该文本的教学价值。文本特质把握不准导致教学价值偏低、教学定位失当的例子，本书中有《咬文嚼字》《阿房宫赋》等课例。

"外行看热闹，内行看门道"，学科修为不足这个"硬伤"是较难解决的，相比之下，教师的技巧和才华展示却很容易博得听课者和学生的一致好评。因而多数语文公开课中，观课者都容易看到教师本人的才华展示。

在本书的课例中，不少名师也有才华展示。《皇帝的新装》课例中，展示教师自己撰写的故事结局;《老王》课例中，教师让学生动情朗读自己所撰写的读后感等——两位老师的才华都让我们赞叹。教师有才华，这是好事，但课堂上教师才华展示的宗旨，应该是为发展学生的语文能力服务的。如果教师在讲台上光彩夺目，尽情展示自己，学生却成为被老师才情震慑的观众，这除了能让学生们敬佩教师的才华，并无更大的教学意义。

和教师才华展示一样，名师们也热衷于在教学设计上推陈出新，这常常是很多评课者和一线教师津津乐道的地方。在本书的课例中，多数课例都设计精巧，别具匠心。但是，我们务必懂得一个简单的道理——形式是为内容服务的。再精巧的设计，也必须符合学理，必须服务于学生的学习。

比如《雨霖铃》课例，我们认为这堂课着意表现教学"新理念"却忽略了基本的学理思考。在学校教学中，学生的"学"始终置于教师的"教"的引导之下，教师的"自觉"与学生的"自发"是不对等的，这是一个不可忽视的事实，因而这堂课的基本定位就是有问题的。

在课例8中的《"望""见"诗心》中，执教者创新地整合了《春望》和《饮酒》两首诗进行教学。因此有了"望—见—诗心"的教学设计，实际上这不过是讨巧的做法——这两首诗中恰好有"望"和"见"两个关联视觉的动词，把两个动词联结起来，执教者就觉得似乎找到很好的突破口了。其实，《春望》的诗心，不在于"望"而在于绝望;《饮酒》的诗心，不在于"见"而在于"见"背后的"真意"。这个设计虽然巧妙，但在学理上是存在问题的。

有才华可以展示，有技巧以显匠心，按理说都是好事。但我们应该懂得，通达学科，是学科教师的首要追求。"君子务本"，对于学科教师来说，学科是本。学科通透了，才有通透的学科教学。一位真正有才华的教师，不用刻意展示才华，他的才华，会自然显现在整个教学过程之中。至于教学设计的讨巧，有一句话令人深思：大巧若拙。阅读教学有必要回归一种"精致的朴实"——精致，就是素养精深，符合学理;朴实，就是不要搞太多的花架子。

肖培东《皇帝的新装》

一、教学流程概述 [①]

（一）带领学生初步感受与了解童话

开课伊始，肖培东老师"从《皇帝的新装》的童话身份入手，让学生自觉比较并综合童话的主要特点"。

学生谈到了想象、有讽刺意义、用儿童的话来写、语言都很夸张等特点，肖老师抓住学生回答中的"想象"和"夸张"两个词作为关键词，相机介绍童话这种文体，并一再强调丰富的想象和夸张是童话最主要的两个特征。

（二）带入关键情节，体会童话的想象和夸张

依据第一环节中总结出的童话的最主要的两个特征，提出本环节的主问题："你觉得文中最具夸张力的细节是什么？"进而带领学生体会关键情节和细节，并用朗读的方式，结合情感体会字词的用法和含义，认识丰富的想象和夸张。

学生很容易找到衣服的特点，如"有一种奇怪的特性：任何不称职的或者愚蠢得不可救药的人，都看不见这衣服"。在教师的引导下，学生又找出了皇帝对新装极端的喜爱，如"他

[①] 本课例的课堂实录来自肖培东《我就想浅浅地教语文：肖培东语文课例品读》，长江文艺出版社，2016 年版。

每一天每一点钟都要换一套衣服"。肖老师肯定了上述例子都属夸张后，进一步引导学生找到他认为最荒唐的细节——穿新装游行。

（三）探究荒诞的故事发生的因素

这一环节，以"是谁导演这场戏"为主问题，让学生就故事作出自己的判断。

学生给出的答案先后为皇帝和大臣、两个骗子、老百姓等。肖老师最后概括出其原因是"所有人都不愿意承认自己是愚蠢的"，即"所有人共同上演了这出闹剧"。而后特别分析了此处所谓的"人"应为"大人""成人"，指出这篇童话讲述的是成人世界的故事。

（四）读写结合，改写原童话的结局

让学生从"这样，皇帝就在那个富丽的华盖下游行起来了……"开始想象，设置一个和课文结尾不同的结尾。

学生的答案基本没有跳出安徒生这一故事原有的结局，只是改了个别细节。肖老师继而出示了自己的改写——把原文结尾中大人和孩子的角色做了互换，让孩子热情赞美"新装"，让大人冷静揭露谎言，并让学生将其与原结尾进行比较。这样做旨在引出结论——"别在成长的过程中把天然的纯真遗失在喧嚣的世俗社会里"，以达到"教育大人"的目的。

二、主要视角：语文课型

课型并不是一个新概念，但通常是一个分类依据并不明晰的概念。目前所见的课型分类标准很多、很杂，各种课型令人眼花缭乱。我们认为，学科教学，学科的知识与能力是第一要义，依据学科本身的知识与能力要求来划分课型、实施教学，才是最恰切的。

不同学科课程有不同的教学内容，各学科之间的教学内容的差异性，就是在"知识与能力"要求上的差异性。每一学科都存在自身的知识系统。在这个系统中的不同点位上，分布着不同的知识点。这些知识点，即构成学科教学的基础内容。所谓的学科能力、学科思想与思维方法，都是以对这些知识的理解、分析、运用、探究为路径的。在任何一个学科的教学中，学科知识是最核心的基础，学科能力是最根本的目标。

在语文学科中，不同类型的语文知识，其具体内容与掌握难度互有不同，能力层级要求各有差异，因而与之相适应的教学方式、方法也不同。因此，紧扣知识类型并结合能力要求来划分课型，是最贴近学科教学的，因而是最为合理的。

把握教学内容的差异性，根据知识点的不同、能力要求的不同来划分学科课型，使得每一课型的知识与能力指向明确，进而可以使得每一堂课的教学目标变得更加集中、鲜明，教学任务变得更加单一、合理。语文作为一门学科，当然具有这门学科的知识与能力要求，据此来确定语文课型，才是有助于培养语文学科素养的。

我们认为，语文教学效益低下，长期饱受诟病，主要原因之一，就是语文课并未遵循上述课型分类要求，知识与能力目标的能见度严重不足。多数学科，尤其是自然科学学科，知识目标非常明确，能力训练路径十分清楚；而语文课则与此不同，很多时候知识目标含混，能力要求模糊，导致语文课成为教学指向不明、教学路径模糊的"大杂烩"。虽然也有"阅读课""作文课""新授课""复习课"等提法，但这些提法都不触及具体的知识与能力内容，因而都不能准确地定位课型。

任何学科都必须具有自身的知识系统与能力要求，这是最为基本的。如果一个学科不具备自身（相对独立）的知识系统与能力要求，那么它就没有资格作为一个学科而存在。因此，课型分类是否合理，要看其学科知识与能力指向是否清晰。据此，语文教学的基本课型可以划分为知识学习型和能力形成型两个基本类型。在这两个基本类型下，如前文所述，可分成七种具体类型：

（1）预习与语言基础知识学习课；

（2）文本分析课；

（3）文本评价鉴赏课；

（4）文学知识与文化知识学习课；

（5）训练课；

（6）语文综合实践活动课；

（7）语文学科阅读课。

知识与能力不能截然分开：理解知识的过程，要借助能力；

能力形成的过程，要依托知识。但有侧重点的不同，上述七种课型中，偏重于语文知识的，包括（1）（4）；偏重于语文能力的，包括（2）（3）；对知识与能力都同等要求的，包括（5）（6）（7）。

为了有效达成教学目标，我们认为，以下两点必须遵从：第一，任何一堂语文课，教学目标必须具有高度的"语文性"，且高度明晰，课堂教学以该目标的达成为核心目的；第二，任何一堂语文课，都必须属于上述七种课型中的任意一种且不得跨界（即必须定位于其中一种），以确保教学目标的高度聚焦，学习任务的高度集中。

下文将结合对肖培东老师《皇帝的新装》课例的评述，对语文课型分类与操作提出一些具体的看法。评述这堂课的主要视角，就是依据我们提出的语文课型观点。

三、以课型为主要视角的观察和评论

初看肖老师这堂课，非但不会觉得有什么问题，反而会觉得设计精巧，衔接流畅，最后还突出了"情感态度与价值观"教育。以传统的语文课堂观念和笼统的"阅读教学课"的视角看，这堂课确实体现了名师水平。但依据我们关于课型的观点来审视这堂课，就会发现明显的缺陷。

（一）课型杂糅：教学目标不集中，不明确

依据我们的课型分类来观察，肖老师《皇帝的新装》这

节课，设置了四个以上的教学任务：了解文体（童话）；体会丰富的想象和夸张；分析关键情节与文本语言；改写童话的结局……

了解童话这种文体，这是文体知识（文学知识）学习；体会文中丰富的想象和夸张，这属于语用知识（修辞、艺术手法）学习；分析关键情节，这是文本分析；品味文本语言，这属于文本鉴赏（提取语义部分属于文本分析，分析表达效果部分属于文本鉴赏）；改写童话的结局，这属于写作实践。如此一来，这堂课的核心任务是什么，究竟想要教给学生什么呢？这堂课的教学目标究竟是什么呢？

目标不集中，任务不单一，分散用力，势必造成各个环节教学难点的难以突破。

这堂课的第一个环节，是引导学生了解"童话"这一文体特征。而接下来的第二环节，进入一般的文本分析环节。第一个环节耗费较多时间引导学生得出"童话是一种文学体裁，特点是通过丰富的想象甚至夸张来塑造人物形象，反映现实生活，潜移默化地对儿童进行思想启蒙教育"（PPT 显示）这一结论，这与第二环节有什么内在关系？无非就是引出后面想要抓住的"想象"和"夸张"罢了。如果不介绍关于童话的文体知识，是否也能引导学生通过阅读文本去发现文中存在"想象"和"夸张"呢？答案是肯定的。事实上，在第二个环节中，肖老师正是通过抓文本语言，得出运用了"想象"和"夸张"的手法的结论。这就是说：第一个环节并非第二个环节的前提，亦即介绍关于童话的文体知识这一环节，在教学组织上并不具备逻辑的必要性。质言之，第一环节和第二环节之间，并不存在合理的结构性关系。

其实，本文的"童话性"并不明显，它展现和讽刺的是一个成人的世界，更近于讽刺性小说。这样回头看第一个环节，我们就会发现它意义不大，不能很好地与后面的分析内容相统一。因此，关于童话的文体知识，应该移到"文学知识与文化知识学习课"这一课型中，而不必掺和在文本分析课中。

这样的课，教学内容与环节较多，而各个环节之间，常常缺乏必要的逻辑结构，课堂教学内容看似丰富，实为杂糅。在阅读教学中，这样的课其实是非常普遍的。从我们近年听课的情况看来，无论何种文体，无论哪个年级，语文教师讲授一篇文章的基本流程如下：

（1）介绍作者及课文的时代背景（这是文学史教学）；

（2）处理字音字形（这是语言基础知识教学）；

（3）分析课文的内容和主题（这是文本分析教学）；

（4）分析文本的形式特征（这是文本鉴赏教学）；

（5）评析课文，挖掘教育价值（这是以思想教育为主的文本评价教学）；

（6）读写结合（这是写作教学）。

这是缺乏合理的课型意识的典型表现。这样的课堂教学，缺乏核心的教学指向。企图全面开花，杂糅大量分散的内容，结果在每一项教学内容上都浅尝辄止，学生跟着教师跑，各个环节都跑了一遍，但每个环节都未能吃透，因而无法取得有效的突破。长此以往，语文教学虽耗时甚多，却相当低效。

其实，一堂课就像一篇文章，必须有一个主题，在结构上有起承转合。当前的语文教学严重缺少章法，企图在时间极为有限的一节课中达成的目标太多，给学生的信息量太多太杂：字词、语法、文学常识、文本理解、鉴赏评价、写作都是考点，因此什么都要讲到……于是面面俱到，蜻蜓点水，学生只得到一些碎片化的印象，语文知识都无法有效掌握、深入理解，更遑论形成语文能力了。《皇帝的新装》这堂课，所要解决的核心问题究竟是什么呢？它究竟有效地培养了学生的什么语文能力，在哪一点上获得了切实的突破呢？我们并不知道。

一堂语文课，如果依据我们的课型观来定位，有一个中心，就可以比较纯粹。建立这样的课型观，可以使课堂教学纯化，使教学目标单一、集中。这是通过点位的有效突破，来提升语文教学效益的有效策略。课型定位清楚了，知识与能力目标明确了，我们教给学生的才是作为课程的语文，而不是见子打子的一篇篇课文。这就是我们明确提出语文要分课型实施教学的初衷。

（二）混淆"夸张"与"荒诞"，犯知识性错误

这堂课的第二环节，主要是寻找并分析文中"最有夸张力的细节"，我们来看这段实录：

师：那么同学们，读完了《皇帝的新装》，你们想一想，这个童话当中你觉得最有夸张力的一个细节是什么？也先别忙着举手，回到文章再看一看，找一找。

（学生浏览文章，举手。）

生 7："缝出来的衣服还有一种奇怪的特性：任何不称职的或者愚蠢得不可救药的人，都看不见这衣服。"

师：这句话——

生 7：因为现实生活中根本不可能有这种事情。

师：也就是说，这样一件衣服是不存在的，因此，你认为骗子所说的那件衣服特别的夸张。

这个环节，涉及语文知识的教学。但这部分依托于文本的语文知识教学，却是很不严谨的，具有误导性。

从修辞角度看，学生所找的这个句子，并不存在修辞意义上的"夸张"。夸张是表现事物特征的，一般是就事物的显见的特征或风格特点而言。骗子所说的那件衣服的特性是什么？就是"任何不称职的或者愚蠢得不可救药的人，都看不见"，这是夸张吗？它是怎样夸张的？这个例子符合作为修辞手法概念的"夸张"的定义吗？

其实，学生找出的这个句子，恰好就是所叙述之事悖于常理的"荒诞"。"缝出来的衣服还有一种奇怪的特性：任何不称职的或者愚蠢得不可救药的人，都看不见这衣服。"这样写并不是为了"夸张"，而是为了情节需要而设定的这件衣服所具有的"性质"。正因为有这一设定，后面的故事中才会出现人们都假装看见了衣服这样的情节。课堂实录中接下来的部分，学生还找到了第一自然段中，"许多年前，有一个皇帝，为了穿得漂亮，不惜把所有的钱都花掉""他每一天每一点钟都要换一套衣服"等语句。其实这些都不是夸张，而是为了构造情节的设定。我们进入《皇帝的新装》这个故事的情境，依据其叙事逻辑，皇帝的这些表现都是文本所设定的客观事实（也就是在文本内的语境中，皇帝确实是这样做的），和夸张不存在任何关系。用教材课后习题（统编教材七年级上册116页，人民教育出版社2016年7月第一版）的说法，这就是文章"情节荒诞离奇"的特征。肖老师从最初提出童话的文体特征开始，就一再混淆二者的区别；学生误将"荒诞"当作"夸张"，教师不但没有及时"指点迷津"，反而"顺水推舟"。这种知识性错误，反映了执教者对相关知识缺乏准确的把握和足够的研究。事实上，一位学生的回答"现实生活中根本不可能有这种事情"，这表明该学生已经意识到这是"荒诞"——不幸的是，执教者却把学生的这一回答，刻意地引向了他所希望的答案——"夸张"。

我们的语文课型观，非常强调知识的建构与能力的发展，把"知识与能力"置于整个语文学科教学的核心位置。这种课型观，更能推动教师深入把握语文学科的知识与能力要求，使教师对语文的学科知识有更多的专业思考，进而提升语文教学的专业性。

多年以来，不少名师在理念上逞能，在情感上煽情，在教法和教艺上炫技，却很少深入钻研学科专业知识。于是一些名师课堂很好看，但很不中用。名师们巨大的影响力，又带动了很多一线教师只顾琢磨教法而不琢磨学科。这是舍本逐末的做法。"君子务本，本立而道生。"语文学科的"本"是什么？学科。通达学科，是学科教师的第一要务。如果教师自己在语文学科的知识和能力上都存在较为明显的问题，那么他将怎样教好语文呢？当教师自己在语文功底上都存在问题，这时候去谈论教学方法和教学艺术，不会有太大的意义。

没有学科知识上的精深，就不会存在高水平的学科教学。那样的教学是肤浅的，甚至可能是错误的。

（三）读写结合设计是个大败笔

在本课的最后部分，是一个读写结合的写作训练。肖培东老师是这样设计的：

（PPT显示）"这样，皇帝就在那个富丽的华盖下游行起来了……"如果让你从这里写安徒生童话的结尾，你会怎么设计？

师：同学们，童话充满想象和夸张。你能不能想象一下，如果让你从这里开始写安徒生童话的结尾，你会怎么设计？

安徒生的这篇童话，无愧为经典。确实，没有比安徒生本人写的这个结尾更能表现出成人社会的荒谬了。既然如此，要求学生另写一个结尾，实际上是要求他们设想或创作一个更差劲的结尾。凭常识就可以判断，这是不恰当的。虽然经典并非神圣不可侵犯，有的经典也或许仍有瑕疵，但是，修改经典，必须慎之又慎。

这就是说，布置给学生们的这一任务，是完全不合理的。这不符合引导学生向上向好的教学逻辑，也损害了学生对经典应有的尊敬。

也许有人会说，肖老师这样做，是为了培养学生的文学想象力。但是首先，我们应该知道，想象力是一种超越现实的心智能力，是一种企图改写现实、重塑现实的能力。观看本课的课堂实录，学生的文学想象力被真实、有效地唤醒了吗？没有。其次，文学文本存在着自身的内部逻辑，一个被想象的事件也有其内在的逻辑结构。作为文本的组成部分，这个结尾必须与前文的逻辑保持一致。《皇帝的新装》前面的主体情节已然如此，这决定了结尾很难被重写。我们来看看肖老师出示给学生的他自己创作的结尾：

这样，皇帝就在那个富丽的华盖下游行起来了。孩子们看到了都说："乖乖！皇上的新装真是漂亮！他上衣下面的后裾多么美丽！衣服多么合身！"谁也不愿意让人知道自己看不见什么东西，因为这样就会暴露自己不称职，或是太愚蠢。皇帝所有的衣服从来没有得到这样普遍的称赞。

"可是他什么衣服也没有穿呀！"一个小孩子的爸爸最后叫出声来。

"伙伴们，你听这大人的声音！"那个孩子说。于是孩子们把这个爸爸讲的话私自低声地传播开来。

"他并没有穿什么衣服！有个大人说他并没有穿什么衣服呀！"

"他实在是没有穿什么衣服呀！"最后所有的孩子都说。

不客气地说，肖老师写的这个结尾，不合情理，完全颠覆了整个故事的叙事逻辑。

第一，这个结尾本身严重不符合情理。孩子们怎么可能都赞叹皇帝那件并不存在的新装呢？须知孩子尚未社会化，至少尚未充分社会化，他们还不了解世俗社会的游戏规则，还不习惯成人世界的欺瞒，还不懂得成人世界的虚伪。以一般情理来讲，孩子更多天真，成人更易世故。更何况，作为尚未充分参与社会事务的孩子，并不存在"称职"与否的顾虑，他们不需要像扮演着各种社会角色的成人那样，对社会的外部情境作出虚假的反应。

第二，不符合整个故事的叙事逻辑。《皇帝的新装》的整个叙述，明显表现出这个社会中君主、大臣、成年臣民们无一例外被骗子操控的荒谬，安徒生正是以此来揭示这个社会的荒谬性。正如在本堂课上肖老师此前所讲，这个故事，其实是一个关于成人世界的故事。而肖老师所写的这个结尾，突然把矛头转向孩子们，这个结尾与前文如何衔接？这就完全违背了整个故事的叙述逻辑，也背离了整个文本的主题。

肖老师之所以这么做，估计是为接下来的"情感态度价值观"教育而设计的。在后面的教学环节中，肖老师指出，孩子是被大人带坏的，要求学生"对在场的大人说点什么话"。这一手段，表现了肖老师调动课堂气氛手段的高超，不仅学生，连在场听课的其他大人也被卷入课堂了。然而，我们仍然要问：这样的环节真的合理吗？

我们认为，"读写结合"一般存在两种方式：模仿性写作

（学习、借鉴表达技巧）、评价性写作（对所阅读的文本从思想性、艺术性方面进行评价）。"读写结合"的立意，是让学生能够借鉴课文所示的范例，通过借鉴、模仿来学习表达；或通过评价性写作，来磨砺学生的头脑，提升学生的思辨能力或审美判断力。总之，"读写结合"是用以训练学生的，而不是呈现教师高超的写作水平的。很明显，在肖老师的这个教学环节中，学生的写作能力未必得到了训练，教师本人却显示了自身的"才思"。每位教师都必须知道，教学的根本任务，是发展学生，而不是展示自己。

四、回归学科，审视得失

公正地说，肖老师的这堂课，确有很多值得学习的精彩之处：课堂氛围民主活泼、教学线条清晰（郑桂华评语，见《我就想浅浅地教语文》317页本课"名师点评"）、课堂环节设置精巧、整堂课朗读生动……被人赞为"众多示范课中的经典"。

然而，静下心来，从语文学科教学的角度，对这堂课至少有几个问题可以思考：

——这堂课的教学目标到底是什么？这个目标是否聚焦，是否有效达成？

——这堂课究竟让学生学到了什么语文知识？培养或提升了什么语文能力？

这堂课给学生的收获，到底是什么？它从童话文体、语言和细节分析，讲到情节分析、心理分析、故事评价、读写结合，让人眼花缭乱。课前的教学预设很精巧，教师课堂控制能力很强，又使得这些环节之间的转换似乎非常自然，给人以行云流水的错觉。但是，这一切都是表象而已。我们认为，这堂课最基本的问题（其实它代表了绝大部分语文课堂的缺点），就是像一个"大杂烩"，缺乏课型意识或不具备合理的课型意识。它虽然设计精巧，环节流畅，但依然是蜻蜓点水，处处留痕迹，处处无突破。可以说，这是一堂精致好看的、然而缺乏实效性的语文课，一堂处处都在绚丽地开花，然而处处几乎都不结果的语文课。

韩军 《背影》

一、教学流程概述 [①]

（一）导入：识释字词，背诵首尾

开课后，教师带领学生从认识和理解文中"差使、狼藉、簌簌、蹒跚"等词语入手，并带领学生背诵了开头一段"我与父亲不相见……是他的背影"和最后几句"在晶莹的泪光中……再能与他相见！"大概意在调动学生情绪，营造课堂氛围。

（二）理清人物及其关系

导入之后，韩老师提出问题:《背影》写到了朱家几个人？

学生很容易找出了"我"和父亲这两个明确的"朱家人"；教师与学生进一步探讨，对文中出现的祖母、朱自清的儿子、茶房等人算不算"朱家人"进行了厘清；然后得出结论：本文写了"祖母、父亲、朱自清、朱子"四个朱家人。最后从多个角度界定他们四人之间的关系，得出总结："一个家庭、两个祖辈、两个父亲、两个孙子、三个儿子、四条生命。"

---

① 本课例的课堂实录来自韩军《〈背影〉课堂实录》，《语文教学通讯·初中（B）》2015 年第 4 期。

（三）对号入座，感悟生死

接下来，韩老师请学生将这"四条生命"与"已逝的、将逝的、壮年的、未来的"四种类型"对号入座"，并将这个问题进一步推及在场的学生和执教者本人，最后得出"所有的肉体生命都将逝去"这个预设中的结论。接下来，以此结论为前提，教师设置了"感悟生死"的环节，请学生设想自己在离开世界时的心情。

（四）解读四次流泪，探究作者心情

在学生说出了"恐惧、难过、郁闷、伤心"等描述心情的词语之后，教师追问："朱自清在本文是什么心情？从哪里看出来的？"从而聚焦于对作者四次流泪的原因的探究。

探究过程中，学生通过寻找课文中的语句"到徐州见着父亲，看见满院狼藉的东西，又想起祖母，不禁簌簌地流下眼泪"，得出"第一次泪水，是为祖母的死而流"的结论。

接下来，着重通过咀嚼父亲买橘子过程中"蹒跚""慢慢""探身""攀""缩""倾""努力"等词语，从中发现父亲的年老体衰，得出第二次流泪是因为看到父亲"衰老得太早，衰老得太快"这一结论。为了印证这一结论的正确，韩老师和学生探讨"过去很多人的理解，都说作者第二次流泪，是因为父亲给他买橘子而感动得流泪"这个说法是否正确。学生认为，"像买橘子、拣定座位、做毛衣"这种疼爱、服务儿子的事情，作者"生活里经历得太多""习以为常""心里会感动，但不至于流泪"。于是韩老师得出结论说，第二次是因父亲买橘子而流泪的说法经不起推敲，流泪的真正原因就是"大家总结的——看到、觉察到父亲苍老太早，衰老太快；遽然间，匆匆里，父亲已是一位老态龙钟的老人，已不可能回到身强力壮的中年、生龙活虎的壮年，这，才是导致朱自清流泪的最根本、最深层、最具体的原因"。

接下来，照此思路，继续分析得出"第三次流泪是因为父亲去了；第四次流泪是因为父将大去"的结论。

至此，韩老师在屏幕上打出"泪水祭洒生命"的语句，再次总结四次流泪的原因：

第一次流泪：祖母死了。

第二次流泪：父亲老了。

第三次流泪：父亲去了。

第四次流泪：父将大去。

（五）勾连《匆匆》，探究主题

有了对四次流泪的原因的探究，找到了共同的归因——生命就是如此短暂，如此脆弱，令人感伤。主题的得出也就水到渠成——"生命是一个短暂缥缈的过程"。为了验证这个结论的正确，教师引出学生曾经学过的朱自清的另外一篇散文《匆匆》，得出了"两文主题上一脉相承"这一结论——两文主旨都是生命短暂、脆弱，不可恒留；光阴匆匆，稍纵即逝，不可久驻。

教师进而评价前人对于两文主题的理解，都是"肤浅和简单的"。韩老师说："过去 90 年，把《匆匆》《背影》分开理解，一个仅理解为珍惜时间，一个仅理解为父子情深，是肤浅和简单的。……理解成'生命脆弱和短暂'，也就是'生与死'才更深刻。"（注：韩老师在发表于《中学语文教学参考》2018 年第 7 期的《生命匆匆　大去不远——朱自清阐释的〈背影〉灵魂》一文中，也明确提出"《背影》与《匆匆》可视为'姊妹篇'，表达的都是'生命匆匆，大去不远，生命脆弱与短暂'之意"。）

（六）拆释"背""影"，得出新解

在文本分析和主题探究完成之后，韩老师将题目"背"和"影"拆分开来，企图对"背影"进行更深刻的诠释。

在对"背"的内涵的理解方面，带领学生得出了"拖家带口、背负重任""虎背熊腰到弯腰驼背""背债""背井离乡""背运、走背字儿""即将见背大去"等义项。接下来，在对"影"的内涵的分析中，韩老师引入朱自清的几篇散文，如《匆匆》《桨声灯影里的秦淮河》《荷塘月色》等，根据写"影"多达几十处的事实，证明"影"是朱自清最感兴趣、最能激起他内心波澜的事物。继而根据朱自清成名作——长诗《毁灭》中的几个诗句，推出"回到《背影》，对'影'的理解应是'虚在、虚幻、空无、转瞬即逝的影像'"的说法。

然后，教师总结道：朱自清的意思，"背"是一种肉体的、躯体的活生生的实在，"影"是一种虚在、虚幻、空无、转瞬即逝的影像。由"背"到"影"所概括的，是肉体、躯体生命，甚至物质世界，走向虚无、虚幻的人生过程。

这个环节的末尾，韩老师再次向学生强调《背影》写的不是"父与子"或父子情深，而是"生与死"，即"感叹生命的脆弱、短暂和虚幻"。

（七）大胆"穿越"，印证解读

本课结尾环节的设计十分独特，韩老师展示了他虚构的、作者朱自清给他发来的短信。短信充分肯定他的解读是唯一正确的，借此确认此前各个环节对主题结论的探究结果的合法性。最后，在师生对改写过的《匆匆》一文的开头的朗读中，结束本课。

二、本课的课型定位

基于长期的语文教学实践与课堂观察，我们从语文的学科性角度，提出了基于学科教学任务的语文课型概念。其中，单元阅读教学，可以分为预习与语言基础知识学习课（指向语文知识学习，主要由学生自主预习完成，教师可在知识难点上介入）、文本分析课（指向分析与综合能力：通过在文本边界内的信息分析、信息提取和信息整合，实现对文本的还原性理解，通常是单篇课文进行）、评价鉴赏课（指向评价与鉴赏能力：对文本的思想内容或形式进行评价，通常把单元内课文组合起来以比较、统整的方式进行）、文学知识与文化知识学习课（指向文学理解和文化理解：对单元所涉及的文体、文学常识和文化常识进行统整教学）等四种课型。

根据这一课型分类，从本课实录内容可以判定，这应该是一堂文本分析课。

文本分析的基本任务，就是要通过对文本内信息的筛选、提炼、分类、整合，并据此推导出主题结论。这一过程是从局部到整体，完成对文本的理解。分析必须是理性的，文本分析课的基本特征，就是不断进行理性的分析和综合。

从教学环节的设置来看，这节课的文本分析内容，主要是文中信息的提取和对信息的深度诠释。如开头的"朱家人有几个""朱自清流了几次泪，每一次的原因是什么"等，都属于文中信息的提取；对"背"和"影"意思的理解，则属于对信息的诠释。

三、文本分析的主要问题

（一）依据文本结构的信息统整的缺失

本堂课对文本信息的分析缺乏统整。教师分析文本的依据，不是文本内在的结构，而是自身预设的"哲理"。

要实现对文本如实的、准确的理解，把握文本结构是必不可少的。没有对文本结构的分析，就无法实现对文本的结构化理解，也就无法整体把握文意。这堂课的文本分析，存在的主要问题是：缺乏文本信息结构化的意识和分析——不是把从文本中所提取的信息放到《背影》这一文本框架内来理解，而是放到教师自己预设的生命哲理的框架内来诠释。这样，就导致了文本信息内涵的变形。

"朱家人有几个"，这是一个奇特的问题。之所以设计出这样的问题，意在为后面的生死哲理铺路。首先，"朱家人有几个"，这并非《背影》这一文本的核心信息；其次，提出的分类依据在逻辑上是不统一的，"已逝的、将逝的、壮年的、未来的"，并不都在同一逻辑层次上。韩老师从文中提取的信息主要是"朱家人"及他们之间的关系，而目的是为了将这四个人物放入作者预设的"生命链条"之中"对号入座"——已逝的、将逝的、壮年的、未来的。这是四种可以分出的代际类型，然而无论其中的哪一种类型，最后都只能归为"已逝的"和"将逝的"。也就是说，"已逝的、将逝的、壮年的、未来的"，并不构成一个连续的链条。人，要么是活的，要么是死的，不存在第三种形态。

接着韩老师开始大谈生死问题。这一点在"泪水祭洒生命"环节体现得最为充分：教师让学生找出"我"每一次流泪的原因，然后将其归结到"生死"的层面：第一次流泪，祖母死了；第二次流泪，父亲老了；第三次流泪，父亲去了；第四次流泪，父将大去。综上所述，四次流泪不外乎"奶奶的死，父亲的老"，这样便顺理成章地得出本文的主题——生命，就是如此短暂，如此脆弱。令人感伤，令"我"落泪。

实事求是地说，原文中有没有对生老病死的慨叹？不能说没有。但这个文本是不是表现生死意识的？并不完全是这样。文本分析必须在文本框架中进行，要统整文本内信息，分

27

析、推导出准确的、能有效解释整个文本的主题结论。在《背影》中，车站送行的情景，车站离别前的相关背景，以及离别之后的余响，构成了文本的基本内容。无论我们最终得出怎样的主题结论，紧扣文本信息来进行分析和综合，是必不可少的步骤。如果缺乏这样的步骤，那就势必"悬空"地得出主题结论。这不符合文本分析的起码要求。

如果"生命脆弱和短暂"真的是本文主题，那么，如何圆融地解释文本中下面这几段文字呢？

回家变卖典质，父亲还了亏空；又借钱办了丧事。这些日子，家中光景很是惨淡，一半为了丧事，一半为了父亲赋闲。丧事完毕，父亲要到南京谋事，我也要回北京念书，我们便同行。

到南京时，有朋友约去游逛，勾留了一日；第二日上午便须渡江到浦口，下午上车北去。父亲因为事忙，本已说定不送我，叫旅馆里一个熟识的茶房陪我同去。他再三嘱咐茶房，甚是仔细。但他终于不放心，怕茶房不妥帖；颇踌躇了一会。其实我那年已二十岁，北京已来往过两三次，是没有什么要紧的了。他踌躇了一会，终于决定还是自己送我去。我再三劝他不必去；他只说："不要紧，他们去不好！"

我们过了江，进了车站。我买票，他忙着照看行李。行李太多了，得向脚夫行些小费才可过去。他便又忙着和他们讲价钱。我那时真是聪明过分，总觉他说话不大漂亮，非自己插嘴不可，但他终于讲定了价钱；就送我上车。他给我拣定了靠车门的一张椅子；我将他给我做的紫毛大衣铺好座位。他嘱我路上小心，夜里要警醒些，不要受凉。又嘱托茶房好好照应我。我心里暗笑他的迂；他们只认得钱，托他们只是白托！而且我这样大年纪的人，难道还不能料理自己么？唉，我现在想想，那时真是太聪明了！

上述文字的篇幅，差不多是全文的三分之一。我们很难想象，这么多的文字都与主题没有关系。

一般读者都不难看出，这些文字并非讲述"生与死"，而是在讲"父与子"：讲父亲失去工作的处境的狼狈、父亲送行前为"我"所做的几件事——父亲本来安排茶房送"我"而后来又决定亲自来送，送行过程中对"我"细致地叮嘱以及显得"迂"的"白托"……然而这部分文字，却很难简单地用"生命脆弱和短暂"的"生死哲学"来概括。

那么，这些内容在文本中的作用是什么？考虑到"背影"在文本中的突出地位和文本叙述的整体性，我们可以认为，这些内容构成了车站买橘子的背影之前的"序曲"。这些内容虽然不是"背影"，但它们为"背影"的出现，勾勒了一个不可或缺的"背景"——文本之所以将买橘子的"背影"放在这一大堆叙述之后，是因为这部分叙述展现出当时父亲的心理背景：这是一个极其沮丧、困顿的父亲，这是一个隐忍着自己的痛苦而努力去照顾孩子的父亲。在这种情绪背景之下所呈现的"背影"，固然表现了父爱，但已经不止是一般意义上的父爱，突出了这位父亲怀着内心的悲苦绝望，挣扎着为自己的儿子作出最大的努力。后文父亲的奋力攀爬月台，就是富于挣扎意味的象征性姿态。《背影》所具有的如此感人的力量中，既包括又不完全是韩老师所否定的"父子亲情"，也包括又不完全是韩老师所认定的"生命短暂"。父爱的隐忍与深厚，人生的艰辛与不易，并不是"生死"能一言以蔽之的。

由此可见，韩老师的文本分析，竭尽所能否定传统的"父子亲情"的主题，却从一个极端走向了另一个极端。之所以如此，是因为他在文本分析的过程中，没有着眼于文本结构，没有在文本基础上做一个整体的观照，而把自己的体会和认知强加在文本之上。

（二）不顾文本事实的蛮横诠释

韩老师对文本信息的诠释，带有强烈的主观性，而常常忘记了文本中的基本事实。

"背影"指的是什么？

《背影》中有一句话讲得很明白："我与父亲不相见已二年余了，我最不能忘记的是他的背影。"这是文章开头的直接点题。单看这一句，"背影"所指并不十分明确，但根据后文所列出的"背影"，我们可以明确断定其所指为何，那就是车站送行的那个具体而真实的"背影"。除了开头这一句，文中提及"背影"处还包括以下几处：

（1）他用两手攀着上面，两脚再向上缩；他肥胖的身子向左微倾，显出努力的样子。这时我看见他的背影，我的泪很快地流下来了。我赶紧拭干了泪。怕他看见,也怕别人看见。

(2)我望着他走出去。他走了几步,回过头看见我,说:"进去吧,里边没人。"等他的背影混入来来往往的人里,再找不着了,我便进来坐下,我的眼泪又来了。

(3)我北来后,他写了一信给我,信中说道:"我身体平安,唯膀子疼痛厉害,举箸提笔,诸多不便,大约大去之期不远矣。"我读到此处,在晶莹的泪光中,又看见那肥胖的、青布棉袍黑布马褂的背影。

值得注意的是,除了开头,全文中一共三处提及"背影",而三次提及背影之时,都伴随着"我"的眼泪。这实际上扣住了开头的"最不能忘记"——流泪本身就直观地表明:父亲的"背影"令"我"动情;这动情,就是"最不能忘记"的原因。

总括上面三处"背影",都是父亲"那肥胖的、青布棉袍黑布马褂的背影"。这个背影,一是在攀爬月台去买橘子之时,一是在离开火车站之时。在文本中,"背影"所指十分明确,并无什么玄虚莫测之处。然而,韩老师总结出来的"背影"却十分多样:

师:请总结,"背影"标题可以有几种理解?

(师生共同总结)

第一,身强力壮的大丈夫之影。

第二,拖家带口、背负重任的父亲之影。

第三,虎背熊腰的身影,在岁月中变成了弯腰驼背的身影。

第四，父亲背债的身影。

第五，一对父子、两个儿子、两个男人，背井离乡找工作、读书的身影。

第六，背运、走背字儿的影子。

第七，即将见背大去的身影。

我们不得不说，如此丰富的"背影"，脱离文本太远了。越过文本去驰骋想象，这是感受文本的个人自由，而不是分析文本的正确方式。

在此基础上，韩老师作了进一步发挥，通过朱自清《匆匆》一文，附会《桨声灯影里的秦淮河》《荷塘月色》，把话题引向对"影"的分析，继而抛出朱自清的诗歌《毁灭》，提出"幻灭、虚在之影"：

师：这是朱自清成名作长诗《毁灭》中的几句。这里，我们可以读出、悟出：影，就是一种意念和感觉的东西，是一种虚幻，一种缥缈，一种无常的虚在。

回到《背影》，能否悟出朱自清先生的意念？那就是：背，是一种肉体的、躯体的活生生的实在；影，是一种虚在、虚幻、空无、转瞬即逝的影像。

"背"之"影"，就是肉体、躯体生命哪怕存活百年，也是转瞬即逝，变成虚幻影像，这是实体、肉体生命的无常。甚至一切物质世界都是影，都是虚在。

不妨进一步推想，由"背"到"影"，所概括的，就是人生的一个过程，就是肉体、躯体生命甚至物质世界走向到虚无、虚幻的过程。

师:《背影》和《匆匆》里，什么东西变成虚无、虚幻了呢?

生：奶奶的死，生命变成虚无、虚幻了。

生：父亲的青春和壮年，也变成虚无和虚幻了。

师：还有《匆匆》里，"我的八千多个日子"，也变成虚无、虚幻了。这些，统统都是"影"。

人活着，就是肉体的、躯体的"背"，或虎背熊腰，或弯腰驼背；死了，就是虚幻的"影"，虚幻朦胧，短暂缥缈。人生的过程，就是由"背"一步步走向"影"。

（屏显）

"生之背，死之影，
那不能承受的生命之轻。"

韩老师的这段讲解，确实很有哲理，折射出教师对生死的理解。但是，读者怀着正常的心态来读朱自清的《背影》，都不会认为朱自清是把"背"和"影"分开来进行表达。"背影"这个标题，无论如何不会被解释为并列关系的"背"与"影"。

引出《匆匆》《桨声灯影里的秦淮河》《荷塘月色》等朱自清的文本，我们认为也不恰当。文本分析，是分析"这一个"文本，原则上要限制在该文本的边界之内，以此引导学生学得依据文本信息来解析文本的方法。"文本互证"，可以放在文本评价与鉴赏课中，例如在此课例中，通过《背影》与《匆匆》《桨声灯影里的秦淮河》《荷塘月色》等文本的互证，可以帮助学生了解朱自清对"影"的关注与偏爱。然而，这不再是一个文本理解的问题，而是一个分析作家创作倾向的问题。文本分析课与文本评价鉴赏课要分清界限，不要把"理解分析"和"评价鉴赏"混为一谈。边界不清晰的教学，是容易让学生搞混的。

文本分析教学，不是不可以追求深刻，但不可以不尊重文本的基本事实。你要知道，你是在讲《背影》，你必须关注《背影》这一文本内有些什么。你可以讲朱自清的散文创作，但那已经不止是《背影》了。你也可以另起炉灶讲一堂生命哲学课，做一回人生导师，但不要强迫写《背影》时作为文学家的朱自清陪着你这么做——真的，在《背影》中，朱自清的角色是儿子，而不是你所想象的生命哲学家。

（三）忽视文本特质和文体特征

这堂课看起来切入点新颖，直奔"朱家人"，然后分为"已逝的、将逝的、壮年的、未来的"四个类型，接着便是"感悟生死""泪水祭洒生命"，最后点出"生之脆弱和短暂"。看起来哲学意味很足，这与教师的教学预设相关。通观此课，不难看出韩老师是一位课堂表现相当强势的主导者。这个教学预设，我们认为过于强势。过于强势，则容易陷于执着，可能因此而遮蔽很多东西。

从语文和语文教学的角度，我们首先应该知道，这是一个叙事性文本。一个叙事性文本，究竟叙述了哪些事，为什么要叙述这些事，这是最基本的、不容回避的分析项目。韩老师无视文本的这一基本面，只是有选择性地挑选出对自己讲述生死问题有用的那一少部分信息，然后进行哲理的挖掘和发挥。这种割裂文本的做法，显然是不恰当的。

韩老师抓住几代人，拼出一个"生命的链条"，然后开始发挥。尽管在教学的过程中不时回到文本，但这堂课从整体来说，可谓是游离于本文之外。作为一篇叙事性散文，根据它的文体与文本特质，我们至少可以提出如下需要解决的基本问题：

（1）题材理解：本文标题是"背影"，那么，在哪些地方提及"背影"？

（2）结构理解：写"背影"的篇幅这么少，会不会导致文不对题？（思考这个问题意味着你必须研究：这是一个怎样的"背影"？文本中那些没有写"背影"的部分，与"背影"的关系是什么？散文形散而神不散，它的"形"是如何聚焦于"神"的？）

（3）细节理解：父亲为即将远行的儿子买橘子，只是一个寻常事件，为何如此令"我"感动？

像这种涉及文本基本理解的问题，教师不讲。他讲的是《背影》中他以为有深度有哲理的东西。这种绕开文本的教学，能使学生学会分析文本吗？

我们认为，阅读教学，要更多关注文本特质，不宜简单地、僵化地依循文体套路。无论什么散文，都只说"形散神不散";无论什么小说,都只说"小说三要素"。这种不顾具体文本的具体特质的僵化处理方式,是十分笨拙的。高品质的阅读教学,应该具有相当的延展性。然而必须强调的是,体裁作为一种表达模式,它的合理性也是不能完全无视的。《背影》作为叙事性散文,对背影的描写的细节分析,对非背影描写部分的表达功能分析,直接写背影的文字不多而题目为何叫作"背影",文中看似散漫的材料如何聚焦于主题的,这些都是文本分析时必定要触及的问题。这些问题实际上是和文体相关的,即"形散而神不散"的散文特点,在本文中是如何表现的?

四、本课的其他问题

(一)课型不纯,故作高深

根据课堂实录的主要内容,我们可以判断,这是一堂文本分析课。但这节课分析不够,评价过多,使得课型不纯。在对文本的基本分析尚不充足的情况下,教师在很多地方忍不住跳出来进行评价:

《匆匆》和《背影》,其实是一个主题!说的都是生命流逝,时光匆匆,生命死去不复活,老去不复春。两文都感伤落泪。

两文主题一脉相承。《匆匆》的主题并非简单的"珍惜时间",《背影》的主题并非肤浅的"父子情深"。两文主旨,都是生命短暂、脆弱，不可恒留；光阴匆匆，稍纵即逝，不可久驻。

过去 90 年，把《匆匆》《背影》分开理解，一个仅理解为珍惜时间，一个仅理解为父子情深，是肤浅和简单的。……理解成"生命脆弱和短暂"，也就是"生与死"才更深刻。只有深深懂得"生与死"，才能理解"父与子"；只有领悟"生与死"，才能领会"父与子"。不懂"生与死"，怎懂"父与子"？

教师可能把"母题"和"主题"搞混了。

"母题"的概念主要源于神话学、民间文学、民俗学研究，一开始就是一个偏重于文化意义的概念。汤普森说，"一个母题是一个故事中最小的、能够持续在传统中的成分"，"持续在传统中"可以说是母题的基本属性。关于母题的说法很多，也很不一致。我们认为，如果从文本主题辨析的角度来说，母题就是一种在文化传统中持续的主题元素，这些元素在传统中独立存在，在不同文本中被不断复制。母题的数量是有限的，但通过不同的排列组合，可以转换出无数包含着这一母题的作品。这些不同的作品，虽然都包含着同一母题，但其主题不见得是相同的。主题在具体文本中具有个别性。

《匆匆》和《背影》，里面可能都存在一个"无常"的母题元素，但两篇文章的主题恐怕不像韩老师想象的那样完全雷同。"无常"这一母题，作为一种主题元素完全可能投射于并表现在许许多多不同的文本中——例如《红楼梦》，但这不等于说这些文本的主题都是一样的，都可以被笼统地概括为"无常"。如果把母题和主题搞混，就会出现许多作品的主题都被雷同概括的情况。主题是从具体作品的题材、结构中抽象出来的带有作者主观色彩的思想情感。要得出主题，必须从具体文本的题材、结构等方面来分析。韩老师并未作出这样的分析。因此，从一定意义上来说，本课的主题结论是无根的，因而是无效的。

师：《匆匆》里写"影"，《背影》以"影"为标题。朱自清还有一篇文章也以"影"为标题，就是《桨声灯影里的秦淮河》。《荷塘月色》实际是"荷塘月影"，通篇是写各种"影"。朱自清众多散文里，写"影"的更多，几十处。这些都表明朱自清对于"影"非常敏感。"影"是朱自清最感兴趣，最能激起内心波澜的事物。

这是刻意求深。《背影》是以"影"为标题吗？明明是以"背影"为标题。"《荷塘月色》实际是'荷塘月影'，通篇是写各种'影'"，也是以偏概全，读过《荷塘月色》的人都知道，这篇文章根本就不是"通篇写各种'影'"的，其标题是"荷塘月色"而不是"荷塘月影"。然后，韩老师仅仅据此几篇，就率然得出"'影'是朱自清最感兴趣，最能激起内心波澜的事物"这样的结论——我们不知道韩老师这两个"最"的结论，是不是基于对朱自清创作的全部文本的统计分析，因此我们就不知道，他的上述结论在多大程度上符合事实。

以上都是教师带有强烈主观色彩的评价。这样的评价观点，确实有可能让人觉得"课上得非常有意思"（温儒敏评此课），但无法教会学生准确、合理地分析文本，当然也就无法有效培养学生解读文本的能力。这样做还有一个巨大的风险，就是误导学生，使学生失去实事求是的科学态度。其实，不少以追求"深度语文"为号召的教师，都或多或少地存在类似的问题。

文本意义是有边界的。文本主题并不是你怎么说都可以。文本分析必须尊重文本，必须是理性的，讲事实、讲逻辑的。

如果是文本评价，你跳出文本去谈"背"和"影"可以有更深刻的诠释，去讲对文本中涉及的生老病死现象的哲学理解，那是可以的——但不要宣称那是朱自清的意思，那仅仅是你的主观评价，你的主观认识。当然，即使在文本评价课中，所提出的评价性观点也必须依托于文本，必须经受反对者的辩驳和理性的检验。

（二）一个走火入魔的环节："走入朱自清"

我们来看这节课结尾处的设计：

师：天堂里，也许朱自清爷爷正听我们的课呢！
（屏显）

孩子们：

我的《背影》发表近 87 年来，一直被人们浅读、粗读、误读，只有今天，你们才真正读懂了，读深了，读细了，读对了，因此，我的在天之灵感到由衷欣慰，谢谢孩子们！

朱自清

师：这是朱爷爷的在天之灵发来的短信。

韩老师真的读对了？其他人都读错了，只有韩老师带领学生读对了？这一教学环节看起来很机巧，然而这种聪明仅仅显示出智慧的短缺。因为并不需要多高的智力我们就知道：朱自清不会发短信来为你背书，很简单，他早就去世了。

平心而论，韩军老师是一位肯钻研、有深度的语文教师。仅此一点，他就超越了许多见识短浅、教学浅薄、徒有虚名的所谓名师，他是真的有货的，值得敬重。韩老师的问题在其思考往深处走去却"往而不返"，在对文本的理性分析、综合权衡方面缺乏必要的审慎和节制。一味求"深"而有失于"广"，则可能走入幽深而狭窄的死胡同。在此，我们要向韩老师的深度思考致敬，同时也对他未能周密、圆融地把握教材文本表示遗憾。

郭初阳 《愚公移山》

一、教学流程概述 [①]

（一）文本解读：梳理情节，归纳寓意

上课伊始，郭初阳老师用板书课题的方式，把"愚公"写得很小，把"山"字写得很大，用字形的大小直观地对比出二者的大小关系，顺势提出四个思考题，并要求学生用原文回答：

（1）山是怎样的山？

（2）愚公是怎样的人？

（3）"移"的过程是怎样的？

（4）最后的结局是怎样的？

在听完一遍全文的朗读录音后，学生几乎没有障碍地答出与之对应的"方七百里，高万仞""残年余力""寒暑易节，始一反焉""冀之南，汉之阴，无陇断焉"这四个答案。在此过程中，教师对后两个文言语句进行了简单的翻译。

如果以上环节算得上完成了对寓言情节的梳理的话，接下来便进入对寓言寓意的归纳环节：用填空的方式揭示文本的隐喻——"长期的努力，完成艰巨的任务，取得最后的胜利"，

---

① 本课例的课堂实录来自郭初阳《〈愚公移山〉课堂实录》，《教师之友》2005年第 3 期。

表现了"儒家的一种非常朗健的、非常积极的精神"。通过教学流程可以看出,对寓意的简单归纳只是一个过渡,它意味着文本解读环节的结束,紧接着就进入了下面的评价环节。

(二)评价的准备:补充资料,引出矛盾

简短的文本分析之后,郭老师就迅速开始了对本文思想内容的评价。为了铺垫出后面的评价,他补充出三句名言:"知其不可而为之""三军可夺帅也,匹夫不可夺志也""天行健,君子以自强不息"。用这三句名言,意在强化从愚公移山行动中体现的儒家精神。

在此基础上,郭老师又补充了两个神话故事《夸父逐日》《精卫填海》,请学生从人数、外援、结局等角度比较二者与《愚公移山》的异同。在学生的回答中,郭老师主要抓住了夸父和精卫的结局都是失败、而愚公移山的结局是成功这一区别,让学生思考愚公移山成功的原因,究竟是他自认为的"子子孙孙无穷匮",还是如学生指出的依靠了"天帝"这个"外援"。通过比较得出愚公对自身能力的信任与成功依靠"外援"的矛盾。

(三)初次评价:创设话题,认识移山的"荒谬"

得出矛盾之后,郭老师这才让学生关注该文本中愚公与智叟之间的观点冲突。依据愚公和智叟争辩到智叟最后"无以应"的事实,教师设计了"假如再给智叟一个发言的机会"的话题,请学生分小组在两个地方设计智叟的发言:一处在愚公反问智

叟 "何苦而不平" 之际；一处是文章结尾——山被搬走之后。

利用第一处，得出了要想保证移山的不间断，需同时满足 "血缘的不断" 和 "思想的不变" 两个条件，来证明愚公认为山一定能移走这种想法的不成立。

在郭老师的再三引导下，学生得出了第二处的结果——智叟会说出 "愚公虽然移山成功，但山阻碍人的出路这个问题没有得到根本上的解决" 等话语来反驳愚公。这个评价环节的最后，郭老师借用张远山评价愚公的一段话来印证自己的看法——愚公应该为最后没有靠自己的力量完成壮举而感到羞愧，从而让学生认识到愚公移山的荒谬性。

（四）再次评价：基于假设，进行发挥性评价

郭老师在这个环节进行更为大胆的假设：第一，按照张远山的思路，假如愚公早就料到天帝会 "感其诚"，我们如何来重新评价愚公？第二，假如故事的结尾变成 "后三年，愚公死，子孙承其志，世代挖山，时至今日，尚未休矣……" 又如何来重新评价愚公？

对于第一个 "假如"，在面对学生得出了愚公 "最聪明" 和 "很傻" 两个截然不同的结论后，为了引导学生的结论走向教师预设的方向，郭老师甚至引申到了《三国演义》中的 "苦肉计"，从而让学生对愚公形成狡猾、毒辣的 "阴谋家" 的印象。

对于第二个 "假如"，学生得出的看法是：愚公是愚不可及、自私的人。郭老师继续让学生假设以 "愚公的子孙" 的身

份跟愚公说一句话，让学生说出诸如"愚公害了后代子孙"这样的话，然后教师顺势点明，愚公损害了公平与自由。

（五）三次评价：文化批评、多元评价

本堂课最后一个环节，郭老师更出人意料地引入了对其所在学校的两名外籍教师的采访，请他们从自己的视角来评价这个故事。外籍教师以其自身的文化视角，对愚公移山一事表示困惑不解。在以上铺垫之后，郭老师希望学生从文化的密码角度去解构这个寓言故事，得出迥异于传统观点的结论。

遗憾的是，在这一环节，学生的回答基本上不符合郭老师的预期，都是围绕从该寓言所受到的启发的角度来谈的。如"坚持不懈、积极去完成""愚公胆敢挑战这座山，这点十分可取""愚公追求真诚，他以他的原则去实现自己的梦想""要团结，大家一起才能完成伟大的事业"等。这些回答，实质上将前面的"外援说""自私说""子孙意愿说""傻老头说"等全面推翻。

这节课就在教师"愚公这个话题，还可以继续引发我们的思考和讨论，大家课后，再花点时间去想一想"这个不了了之的结束语中结束了。

二、关于本课的文本分析与评价

（一）文本分析：跑调的寓意

这是一篇寓言。学习寓言，我们会本能地去挖掘寓意。读寓言要理解寓意，这是理所当然的。《愚公移山》的寓意是什么，需要实事求是地分析。而分析的基础，就是文本中所呈现的事实。我们首先要把握住文本中存在的事实，看清事实。

首先，对本文题目进行思考：题目是"愚公移山"，那么是不是愚公移走了这两座山呢？事实是：愚公本人并未移走这两座山。他有移山的愿望，也有移山的努力，但客观上他并不具备实现这个愿望的能力。固然，"子子孙孙无穷匮也"，一代一代地移，一定可以逐渐削减山的高度。但我们需要更深入地观察和思考：移山的工作量巨大，"方七百里，高万仞"；移山的效率低下，"寒暑易节，始一反焉"。按照这样的效率来做这项工作，任何理智的人都不难明白，仅仅依靠这几个人的体力和努力，这两座山基本上是没办法移走的。

那么最后是谁移走了这两座山呢？不是人，而是神。文本中提供的事实指明这一点。最基本的事实是：不是愚公把山移走，而是"夸娥氏二子负二山"——是两个神把山背走了。为什么神要来帮愚公把山背走？是因为有天帝的指令。为什么天帝要发出这个指令？是因为"感其诚"。天帝被愚公的诚心感动，于是派两个神把山移走了。

从整个事情的结果来看，是天帝派神把山移走的，而人类无论是"智"是"愚"，都不能达成这样的结果。天帝为何要这样做？是因为感动于人的"诚"。这就是说，"诚"是人与神联结的方式，人的诚心是能感动上天的。这个寓言显示的道理，如果用我们耳熟能详的一个成语来描述，就是"心诚则灵"。

根据上述文本分析可知，郭老师关于本文寓意的结论，并不是依据严格的文本分析得出的，在教学上缺乏说服力。事实上，本文来自道家著作而非儒家著作，郭老师把本文寓意明确为"儒家的一种非常朗健的、非常积极的精神"，一开始就是一个严重的知识错误甚至常识错误。《列子》作为道家典籍而宣扬儒家思想，这是匪夷所思的。（《愚公移山》选自《列子》）

（二）课型定位：文本评价课

从时间的分配来看，这节课在不到 10 分钟的时间内，完成了对文本情节的梳理和寓意的归纳。剩下大量的时间，教师采用了引入资料、大胆假设等方式，带领学生对文本进行评价。

文本评价，是指对文本的思想情感内容、文本形式特征，以及文本所表现、所涉及的文化现象进行评价。其中，对文本的思想情感内容进行分析、审视和权衡，就是我们通常所理解的"评价"；对文本形式特征（艺术技巧、艺术特征）的评价，就是鉴赏。必须指出的是，文本评价课和文本分析课之间关系密切，可以说，如果没有文本分析作基础，评价必定无根，文本评价必须建立在可靠的文本分析基础之上。如果文本分析不正确，那么，随后的文本评价，就会偏离正确的方向。

本课虽被我们定位为"文本评价课"，但前面部分仍然存在着文本分析的内容。从课堂实录来看，此前教师并未完成文本分析课的教学（让学生听朗读录音，穿插语句翻译，都说明学生对文本是相对陌生的），因此这堂课安排部分时间来进行文本分析。很显然，本课中的文本分析部分，进行得十分匆促和草率。可以说，尽管本堂课旨在评价的主要指向是清晰的，但依然存在课型杂糅的问题。当学生对文本还没有充分熟悉，在文本理解方面尚不到位时，就展开文本评价教学，未免过于激进。

（三）无根的评价

理解和评价是什么关系？

理解和评价属于不同的认知层面，二者是不一样的。对文本的理解必须忠实于文本，基本问题是"它是什么"；评价却是"以我为主"、各持立场的，基本问题是"你怎么看"。阅读教学，首要的是求得对文本的忠实理解，只有在"理解"已经达成的前提下，才能进一步推进到对文本的"评价"。对文本"理解"尚未到位就开始"评价"，是缺乏基础的，是行不通的。

阅读教学的最朴素的目标，是实现对文本的理解。评价是在理解之后的，其在教学中的重要性也是排在理解之后的。文本都没搞懂，无法进行所谓"评价"。评价要合理，就要实事求是，就不应在文本分析尚不充分的情况下急于发表自己的看法。郭老师在这堂课上确实存在一个有限的"文本分析"环节，但这个环节其实是基本没有分析的。对情节进行简单梳理之后，教师就提出"这是一个人生寓言"，明确指出寓意是"儒家的一种非常朗健的、非常积极的精神"。这样得出结论十分草率，因为缺乏分析、论证的过程。更何况这个结论也是可疑的。前文已经指出，《列子》是道家著作，道家怎么可能跳出来主张儒家的观点呢？依据常识我们就能知道，"儒家的一种非常朗健的、非常积极的精神"，这与道家的基本主张存在着显著的、不可调和的冲突。

三、文本评价课怎么上？

郭初阳老师的这节课，完全不同于钱梦龙老师《愚公移山》那种非常传统的教学。它以新颖的姿态、鲜明的个性、迥异于前人的解读结论，形成强烈的冲击力，令人印象深刻，获得"新生代"语文教师的赞声一片。但以我们的语文课型观来审视这堂课，就会发现其缺陷是相当明显的。

有鲜明的个性，有强烈的求异思维，这些都是富于创造力的表现，值得鼓励。但是，评价显然不能是意气用事的随意点评，不能是自以为是的主观臆断。评价必须充分运用理性。剑走偏锋，可令人惊奇，有时也可令人叫绝；但剑走偏锋也是有风险的，如果缺乏理性就有可能"走火入魔"。

在阅读教学中，文本评价课与文本分析课，构成着眼于能力发展的两大基本类型。文本分析课，主要着眼于培养学生客观分析的能力；文本评价课，主要着眼于锻造学生独立自主的思想。

对郭老师这一堂文本评价课，我们有如下看法：

（一）评价应坚持言必有据的基本原则

在文本之外，不断作出假设，是本课的一个明显特点。本课中作出的假设，可谓环环相叠。梳理出来，有以下几处：

（1）假如，我们再给智叟一个发言的机会，假如让智叟最后一个来发言。其实智叟有两个地方可以发言，文中有两处。一处就是，愚公反问他，"何苦而不平？"这个时候，智叟会说一番话；还有一处，就在文章的结尾，"冀之南，汉之阴，无陇断焉"，智叟还是可以站出来，再来说一番话。是不是？

（2）假如愚公早就料到帝会"感其诚"；或者呢，他老早就和天帝达成了某种协议，或者契约，那我们如何来重新评价愚公？那也许他们（天帝和愚公）有更大的阴谋呢？也许这更加能够帮助建立天帝的秩序呢？可能他们有着更多不可告人的东西，所以他们要上演一出戏。

（3）假如结尾是"后三年，愚公死，子孙承其志，世代挖山，时至今日，尚未休矣……"你如何评价愚公？

在这样的假设之下，学生分别从智叟的角度、愚公的子孙的角度，得出了一系列的评价性看法：愚公是"阴险""狡猾""毒辣"的"阴谋家"，是"害群之马"，是一个"愚蠢的老头""疯狂的老头"；他"把个人的意志，强加给了他子孙，剥夺了他子孙生活的自由"，他"不但耽误了自己，也耽误了子孙后代""因为他的错误，造成了所有人的错误，给所有人造成了重大损失"等。

以上评价，都是在抛开文本中的事实的情况下作出的。这绝非尊重文本、依托文本的评价。前文已经明确：文本评价，不能扭曲文本事实，不能凭空捏造事实，否则就会飘浮。试问心智健全的读者们，你们有几个读了《愚公移山》，会对愚公形成这样的印象和评价？评价固然是独立的和主观的，但绝对不只是"公说公有理，婆说婆有理"，绝对不应该是完全不管是非曲直。我们对文本中的人物或现象进行评价，无论得出怎样的评价结论，都必须依据文本中描述的事实，否则就容易虚拟出一个评价对象，然后去进行评价。这样"评价"，类似于堂吉诃德把风车幻想为敌人，然后与这位虚拟的敌人展开搏斗。

愚公早就料到天帝会"感其诚"，愚公老早就和天帝达成了某种协议——这样的假设有何依据？有何合理性？这样的假设根本不应该也不可能构成合理评价愚公的基础。在《愚公移山》这一文本中，既不存在愚公早料到天帝会感动的事实，也无法根据文本中既有信息推导出这种可能性。因而"愚公老早就和天帝达成了某种协议"，天帝和愚公密谋借此建立天帝的统治秩序，只能是滑天下之大稽。

（二）补充的资料应适度，评价的议题应集中

在文本之外，不断引入新的资料，是本课的另一个明显特点。细数本课引入的资料，共计五项：三则名言（知其不可而为之；三军可夺帅也，匹夫不可夺志也；天行健，君子以自强不息）、两则神话（《精卫填海》和《夸父逐日》）、一段言论

（张远山）、一个想象的结局描述（后三年，愚公死，子孙承其志，世代挖山，时至今日，尚未休矣……）、一段外国老师看愚公故事的采访文字（DV）。

这样做的直接结果，便是评价分散，不能聚焦。虽然基调都是对愚公的批评，但由于评价的议题分散，导致在每一个评价点上，都只是作出直接定性式的下断语，而没有逻辑谨严的论证过程。缺乏论证而作出想当然的判断，这样去引导学生的评论行为，容易出现不顾理性分析而流于过分主观的情况。这是不科学的，也是很危险的。

阅读教学，不是不能补充资料，只要补充得恰当、精当，是可以为文本分析和评价增色的。但很多语文课尤其是公开课，教师花在堆积、链接、评价外部材料上所下的功夫，远远超过对课文文本细密的研究。这样做，可以显示出教师视野的广博，也可能提供出一些可资思考的材料，但容易出现的后果是，教师耗费大量时间在文本外"打游击"，花在本该用于分析文本上的时间少之又少；教师没有深入理解文本，也缺乏对文本如何理解的示范过程，学生自然也就无法从中收获正确理解文章的方法。而在对文本理解尚不到位的情况下便率然评论，这绝不是正确的评价态度，这样的评论也势必无根、轻浮。

（三）应教给学生理性的态度和恰当的方法

看完此课实录，我们不禁想追问：这堂课是语文教学还是思想教育？它的语文学科的知识与能力目标是什么？这堂课中，有属于语文的项目，例如文本分析、文本评价。但是，文本分析与评价，所要贯彻的原则与方法必须是合理的，否则这些项目非但不能提升学生的分析评价能力，反而可能形成误导。没有正确的原理与方法，就得不到相应的结果。

评价必须是理性的，这是基本的原则。没有理性，就没有可信的评价。理性原则决定了评价必须满足下面的要求：

第一，评价必须讲证据。

评价必须基于事实，用事实来作证据。这节课的文本评价教学，对促进学生多元的观念、质疑的态度，无疑具有正面的价值。但问题是，这种质疑，不是基于文本中的事实而是基于无中生有的假设。这样搞下去，评价就可能完全丧失起码的理性，而陷于疯狂。我们来看这两段：

生：还有一个看法，我觉得，愚公也是一个很自私的人。

师：怎么讲？

生：在这里，之后三年，愚公死了，世世代代，都是因为他（的缘故）而挖山，不能去实现自己的想法。直到今天，这么长时间下来，还在世世代代挖山，他死之前这三年，影响了他的整个后代。

师：请坐，说得太好了。

……

生：愚公是害群之马。

师：害群之马？愚公成了一匹马？

（众笑）

生：他不但耽误了自己，也耽误了子孙后代。

师：这个怎么会有联系呢？

生：因为他的错误，造成了所有人的错误，给所有人造成了重大损失。

师：就这样？请坐，很会联系实际。

以上是两个比较有代表性的结论——愚公是自私的人，愚公是害群之马，后面展示的外籍教师的看法也"呼应"了此处学生的看法。然而很明显，以上结论的得出并非基于证据，而是基于假设，而这样的假设因脱离了文本事实而缺乏合理性。这样的教学环节不仅无益于学生学习正确的文本分析方法，教师的鼓励和肯定，反而助长了学生评价的随意性、自以为是的主观性。

在教学过程中，教师的指导作用之一，就是为学生"纠偏"。当学生出现了偏差，教师要把他们拉回来。可是在这里，教师非但没有纠偏，反而在鼓励学生沿着有偏差的方向继续行进。当然，这堂课的教学流程中之所以出现这种现象，不是因为郭老师缺乏引导学生的能力，而是因为这样的评价方向恰好是教师所预设和期待的方向。

第二，评价必须讲论证。

对作品的评价，必须尊重历史唯物主义原则，在准确把握作品思想倾向的基础之上，进行论证分析。评价不能只有"立场"而没有"论证"。

评论的真正力量在于事实和逻辑。只有事实和逻辑构成有机的整体论述，才能真正说服可以被说服的人。评价不能仅止于下断语，任何结论的合法性都建立在有效论证的基础之上。这节课对愚公的评价，既不尊重文本中的事实，也缺乏符合逻辑的论述环节。我们认为，作为评价者，当然有权提出"愚公是自私的"这样的看法；但同时，评价者也有义务证明这样的看法是合理的。评价者也可以认为愚公是"阴谋家"——这是你的权利；但同时需要提出有效的证据，并提出一个符合逻辑的论证过程——这是你的义务。

第三，评价必须聚焦评价点。

文本评价课的教学，教师要依据文本，预设或确定恰当的评价点。评价点游移，评价则无法聚焦，就不能有力地训练学生的评价能力。

事实上，《愚公移山》作为一个历史性文本（存在于历史中的文本），其文本内涵如何，这是首先需要厘清的。对本文主旨的解读，郭老师并未有深刻的发现，只是习惯性地接受了对《愚公移山》寓意的传统看法——民族的执着奋斗精神，或"儒家的一种非常朗健的、非常积极的"进取精神。前文已述，这一主旨是否符合文本本意，尚须再议。

抛开这一层不论，假如我们认可郭老师的主旨解读，那么，作为一堂文本评价课，合理的评价点，就不妨定位于"究竟是积极地进取，还是'明智'地放弃"的议题讨论上。集中在这一议题的讨论上，学生才能够更紧密地扣住文本，更有可能聚焦于对愚公行为、性格的探讨与评价。这样的评价活动，议题的焦点清晰，立场有选择空间，很容易形成辩驳的氛围，出现思想的争锋，对锻炼学生的全面分析能力和独立判断能力，大有好处。而在这堂课上，一会儿评论愚公移山的故事，说"积极进取"，或"愚公的成功依靠外援"；一会儿又评论愚公之为人，说愚公是"自私的害群之马"，或说他是"阴谋家"，是"疯狂的老头"，对愚公大搞人身攻击——如此东拉西扯，除了让学生获得愚公极为不堪的浮泛印象，究竟让学生形成了怎样的语文能力？通过这样的教学，学生能逐渐达到分析有理有据、评价切中肯綮这样的境界吗？答案很清楚：不可能！

四、小结

语文学科是一个具有人文性的学科，语文教师首先应该是一个有思想、有情怀的人。郭老师的这堂课表明，他是一位有个性、有思想、有才华的教师。这堂课也富于教学想象力，确实让人大开眼界，迥异于多年来惯见的语文课堂教学。这是一种可贵的探索。能够经常听这种课的学生，心智绝不至于滞塞，头脑绝不至于呆板。这已经远远超越绝大部分语文教师了。在存在照本宣科、煽情滥情、以刷题以求分数等情况的语文教育界，毫无疑问，郭老师是一位值得尊重的好老师。根据我们自身的价值取向，郭老师其实是一位相当杰出的语文教师。

但身为教师，我们同时应该知道，教学的学科属性、学科理性，是务必用心思考的课题。一堂课究竟是不是"语文的"，在多大程度上是"语文的"，课堂教学究竟在何种意义上体现了学科理性，这都是非常基本的教学问题。就郭初阳老师这堂课而言，我们认为存在着一个深刻的悖论——教学想象力和教学理性的矛盾未能有效平衡，前者压倒了后者——郭老师的本意是强化学生独立的批判性思考能力，培养学生的人文思想，但这堂课假设性想象的失控，客观上却削弱了实事求是的科学态度，削弱了严谨论证观点的意识，容易使学风变得略显轻浮。这大概是郭老师执教时始料未及的。

余映潮《我的叔叔于勒》

一、教学流程概述 ①

（一）简介作家作品，明确学习任务

本节课的教学，从让学生朗读 PPT 上的"作家作品简介"开始。PPT 上主要介绍了莫泊桑的国籍及其小说的代表作。在短篇小说代表作中，包含了本课所要学习的篇目《我的叔叔于勒》。

学生朗读后，教师介绍本课的主要内容："《我的叔叔于勒》是一篇写亲情的文章，是一篇写金钱的文章，是一篇写金钱与人的关系的文章，是一篇经久不衰的经典之作。"

接下来，教师明确提出本节课的两个学习任务：

（1）讨论一个大话题。

这篇小说可以分为两个部分，请进行分析，并说明每一部分在文章中的主要作用。

（2）讨论八个小话题。

①于勒的"称呼"欣赏；

---

① 本课例的课堂实录来自《中学语文》2007 年第 10 期——《余映潮〈我的叔叔于勒〉教学实录与评点》，余映潮执教，葛亦虹整理、评点。

②巧合让故事如此美丽；

③说说若瑟夫的"看"；

④文中的景物描写欣赏；

⑤千姿百态的"说"；

⑥神态描写表现人物的心理；

⑦课文中的正面描写与侧面描写；

⑧船长形象欣赏。

（二）理清文章结构，分析前后两部分的作用

教师告知学生第一个学习任务后，又在屏幕上将这个要讨论的问题明确呈现出来："这篇小说可以分为两个部分，请进行分析，并说明每一部分在文章中的主要作用。"

学生在浏览课文后，开始表述自己对于这个问题的见解。对于两个部分的结构划分，学生较为一致地认为 1—19 段是第一部分，20 段以后是第二部分。

对于这两部分在文章中的作用，学生的看法主要有以下几种：（1）第一部分为第二部分铺垫，衬托第二部分，体现出"我"的父母非常贪钱；（2）用了"对比"的手法，"我"的父母在前一部分中对叔叔是盼望、赞美，而后来见了叔叔却理也不理，这把资本主义社会中人与人之间赤裸裸的金钱关系暴露得一览无余；（3）第一部分写故事的起因、发展，第二部分写故事的高潮和结局；（4）"哲尔赛岛旅行"非常重要，它和"我二姐的婚事"是有联系的。

在学生的答案陈述完成后，教师用 PPT 呈现了他对第一

部分在文中的作用的答案，即"叙说家境、引出人物、制造悬念、烘托气氛"这十六个字。并根据课文内容分别对以上四个方面的作用进行了简要阐述。

与探讨第一部分的作用的操作方式有所不同的是，在谈文章后半部分（即第二部分）的作用时，教师采用了直接用 PPT 呈现答案的方式。在答案"设置场景、详写故事、表现人物、推出高潮"呈现出来之后，余老师同样结合课文内容进行了简要阐释，便迅速将教学引入下一个环节。

（三）聚焦文章后半部分，探讨八个小话题

这个环节，教师让学生将目光放在课文的第二部分"船上相遇"，并用齐读屏幕上内容的方式告知学生即将探讨的八个小话题的内容（见前文），这八个小话题基本都与小说的欣赏有关。

考虑到课堂时间有限，要让每一位学生都去逐一思考这八个问题显然不现实，教师采用了让学生"自选一个话题"发表看法的方式。在大约 5 分钟的学生看书、思考后，学生开始表达对自选问题的看法。

第一位学生就文中对于勒的称呼的变化表达了看法，并比较了菲利普夫妇对于勒称呼的"变"与若瑟夫对于勒称呼的"不变"。教师在点拨时总结说"称呼的变化是为表现人物性格服务的"。

第二位学生认为文中两处典型的景物描写能突出人物的心理变化，教师总结说，"景物描写为人物服务，欣赏小说要欣赏小说中的景物描写，欣赏景物要和人物联系起来"。

第三位学生分析的是故事中的巧合。教师总结说"巧合是小说的大技巧"。

其他学生还谈到了"神态描写表现人物心理""千姿百态的说"等话题，教师均借点评学生发言的时机提出了对小说欣赏中相关问题的看法，如"神态描写是为表现人物服务的""欣赏人物的语言还可以欣赏语言的表达方式"，以及"这篇小说是通过若瑟夫的眼睛来表现人物的，是从儿童的视角来表达的"等。

（四）讲授短篇小说欣赏方法，总结本课

在学生的发言内容基本覆盖了八个小话题之后，教师开始总结"短篇小说的欣赏"的方法，并在PPT上呈现了以下五点：

（1）欣赏短篇小说展开故事的视角。

（2）欣赏短篇小说设置活动的场景。

（3）欣赏短篇小说波澜起伏的情节。

（4）欣赏短篇小说不同人物的性格。

（5）欣赏短篇小说丰富表现的手法。

教师再次结合课文内容，就以上五点进行了简要阐述：本文的视角是——"儿童视角"；本文的场景是——"船上"；本文的情节是——大起大落的；本文中于勒和菲利普夫妇的性格——都很生动；同时，文本运用了对比、衬托等手法，使人物形象更加丰满，故事情节更加生动。

整节课就在这样的总结中结束了。

二、本课亮点

（一）导入简洁，任务明确

这节课甫一开始，就明确提出了这节课的两个任务，毫无"旁逸斜出"，指向清晰，可谓干练简洁。唯有如此，才使得后面有相对充足的时间来完成本课的主要任务。从整堂课教师的把控来看，两个任务均基本完成。

（二）精心设计，注重效率

作为课文，《我的叔叔于勒》篇幅较长，教师通过第一个讨论的大话题——分析这篇小说两个部分在文章中的主要作用，引导学生实现对课文的整体把握。在总结学生对于两部分作用的发言时，教师的 PPT 上呈现的两个语句可谓结构工整、内涵丰富、用词讲究，较好地提炼了学生的发言：

第一部分：叙说家境、引出人物、制造悬念、烘托气氛；
第二部分：设置场景、详写故事、表现人物、推出高潮。

除此之外，本课后半部分的设计，也凸现出教师的"效率意识"。为了让学生在一堂课内掌握更多欣赏短篇小说的方法，教师让每位同学自选一个话题，结合课文内容发表自己的看法。先分后总，在最后的总结环节，教师又对学生分别思考的八个问题作了全面的总结和整理，从中提炼出了五个欣赏小说的技巧，课堂容量很大。

（三）学生主体地位突出，教师主导作用明显

从时间分配的角度来统计，余老师安排了一半以上的时间让学生活动，活动形式包括品读课文、深入思考、交流分享等等，学生的学习主体地位得以体现。余映潮老师在《追求"学生活动充分"的高层次教学境界》一文中说："将教师'教'的活动科学地、巧妙地变为学生'学'的活动，教师讲析的主要内容应由学生在充分的课堂活动中读出来，找出来，析出来，悟出来，练出来，品出来。品读活动能够很好地培养学生发现的眼光，审美的眼光。"本堂课体现了他的这一想法。

与此同时，这节课也明显体现了教师的主导作用。在学生发言有些困难时，教师能总结提炼学生的发言；在总结的过程中，又穿插教师对文本的分析与欣赏，教师善于课堂评价，是这节课的又一亮点。本课评课者葛亦虹说："对学生的每一发言，老师的点评总是非常到位，评价的语言丰富，使学生心悦诚服。"

三、课型定位及教学重点的处理

（一）课型定位

根据整个实录中的教学内容可以判定，这是一堂文本

鉴赏课。

从教学流程概述可以看出，整堂课侧重于对《我的叔叔于勒》这篇小说的赏析。无论是教师提出的大问题"文章可分为两部分，每一部分在文章中的主要作用"，还是后面的八个小问题，都是围绕文章结构、短篇小说展开故事的视角、设置活动的场景、波澜起伏的情节、不同人物的性格、丰富的表现手法等进行的鉴赏。诚如某些观课老师所评价的，"老师对欣赏小说作了全面的总结，使学生在 45 分钟的时间里学习到了一学期都学习不到的欣赏小说的知识，课堂容量非常大"。

（二）教学重点的处理

1. 关于艺术手法的概念的教学

这是一堂文本（评价）鉴赏课，而鉴赏则涉及关于文本、文体、文学等方面的知识。本课在师生讨论中出现了大量的涉及艺术手法技巧的内容，尤其是学生在陈述自己对于第一部分与第二部分的关系的理解时，多次提到了"铺垫""衬托""烘托"和"对比"等术语。对于学生而言，这些术语很可能来自关于本课的教学参考辅助资料，或者他们之前的语文学习经验。但从他们的表达中可以看出，学生对什么是"铺垫"，什么是"对比"，什么是"衬托"，什么是"烘托"，这些术语之间有何区别，等等，都不见得清楚。

我们来看看学生的回答：

生 1：我觉得这篇文章可以分为两部分，1—19 段是第一部分，20段以后是第二部分。第一部分为第二部分铺垫，衬托第二部分，体现出"我"的父母非常贪钱，把钱看得非常重要，对有钱的叔叔和没钱的叔叔的态度截然不同。

师：她用了个术语："铺垫"，好！前面这一部分起烘托作用，后面这一部分集中地表现人物。

这位学生说"第一部分为第二部分铺垫，衬托第二部分"，余老师对此的评价，先是赞叹"铺垫"这一术语用得好，接着立即说"前面这一部分起烘托作用"。在这里，存在两个问题：

第一，既然教师说"铺垫"用得好，那就是认同了学生的观点，即"第一部分为第二部分铺垫"。而接下来教师又说"前面这一部分起烘托作用"，那就意味着"铺垫"具有"烘托"的功能，或者说，"烘托"是"铺垫"所达成的效果。

第二，学生说的是第一部分是"铺垫"，是"衬托第二部分"的，教师却在对话中悄悄把学生的术语"衬托"改换为"烘托"。在此对话中，教师并未指明为何要这样改换，也没有指出学生所用的"衬托"这一术语不准确。

于是，我们要问："铺垫"与"烘托"，"衬托"与"烘托"，究竟是怎样的关系？这三个术语既然不同，那么彼此之间的区别是什么，界线在哪里？余老师既然不说学生的用词是错误的，而又用自己的"烘托"代替学生的"衬托"，这意味着在余老师看来，二者似乎是可以画等号的。然而很明显，如果真的可以画等号，就不必存在两个指称同一对象的

"术语"了。

生 2：课文中用了"对比"的手法，"我"的父母在前一部分中对叔叔是盼望、赞美，后面见了叔叔却理也不理，这把资本主义社会人与人之间赤裸裸的金钱关系暴露得一览无余。

第二位学生提出了"对比"这一术语，来描述小说第一部分和第二部分之间的关系。这与第一位学生的答案"铺垫"明显不同。那么，文本的"第一部分"与"第二部分"的关系，究竟是"铺垫""衬托""烘托"，还是"对比"？余老师的点评中，对此没有任何解释，更没有进行任何的区分，而是直接提出了下一个问题："第一部分、第二部分的作用是什么？"

凡是术语，未经定义就采用它来讨论问题，可能是值得怀疑的。面对这样的知识概念教学的契机，教师不容回避。特别是在文本评价鉴赏课中，涉及一些有关修辞手法、表现技巧、风格特征的术语，教师有义务给学生讲清楚，这应该作为本课的教学重点之一。遗憾的是，余老师回避了这个必要的环节。

在我们所听的很多语文课中，普遍地存在着教师和学生随意使用术语的现象。教师本人对术语的含义并不十分清楚，因而在教学中普遍采用了回避的方式。我们认为，产生这种现象的原因，很可能是教师学科修为不足。对本学科所涉及的知识概念并无研究，导致了术语使用的含糊不清。

我们再次呼吁，教师不能只是关注教学的组织形式，包括教学的设计和教学过程中的技巧；语文教师，要以语文为本，要下大力气关注对学科本身的研究。学科是教师的立足点，教学内容有意义是教学形式有意义的前提。千万不能做舍本逐末的傻事。

2. 教给学生具有可操作性的方法

学习知识，培养能力，都是要讲方法的。运用知识思考和解决相关问题，是需要相应的思维路径的。要欣赏短篇小说，当然也势必要遵循一定的方法。

从课堂实录来看，余老师也确实很注重方法的传授。但问题在于，余老师对相关方法的理解恐怕是有落差的。

余老师所呈现的短篇小说欣赏的五点内容，其实只是关于短篇小说阅读中可欣赏的几个方面：（1）欣赏短篇小说展开故事的视角；（2）欣赏短篇小说设置活动的场景；（3）欣赏短篇小说波澜起伏的情节；（4）欣赏短篇小说不同人物的性格；（5）欣赏短篇小说丰富的表现手法，并不是对这些方面进行赏析的明确的、可操作的方法。就本文而言，学生学习的重点，显然不只是知晓可以从这五个方面去欣赏短篇小说，而是应该通过文本，结合文本的特质，学习到具体的、可操作的欣赏方法和欣赏路径。

更明确地说，余老师只是提出了欣赏短篇小说的五个方面，而这五个方面该怎么入手，依据怎样的路径、运用怎样的思考方式来分析，这才是具体的方法。例如，五方面之中的"欣赏短篇小说丰富表现的手法"，并不是真实有效的欣赏方法；这篇小说中具体运用了哪些手法，如何识别出它运用了这些手法，如何分析这些手法的作用与效果，这个维度上才能浮现出真正的方法。而这，才应该是本课的教学重点。

类似地，一些教师在指导学生阅读理解古诗的时候，经常说要"四看"：看标题，看作者，看意象，看注释。这就是他们提供给学生的所谓"方法"。学生的问题，并不在于他看不见标题，而在于虽然看见了标题也不晓得它是什么意思，不了解它与正文有什么关系，不懂得它与作品的思想情感有什么关系。所以，"看标题"就不能算是有效的方法。

四、本课得失：关于文本评价鉴赏课

（一）再谈文本分析课与评价鉴赏课的关系

在《愚公移山》课例评析中，我们谈及文本评价鉴赏课。这里结合本课例再深入谈一谈。

"理解"和"评价"，属于不同的认知层级。"理解"是忠实于文本的，"评价"却是"以我为主"、可以自持立场的。阅读教学，首要的是让学生求得对文本的理解；在"理解"已经达成的前提下，再进一步推进到对文本的"评价"。文本分析课的目的，是达成对文本正确的、理性的理解。文本评价鉴赏课的目的，则要让学生通过评价活动，形成自己的见解和思想。应该说，"评价鉴赏课"和"文本分析课"，共同构成了阅读教学的两大主要课型。

从语文学科核心素养的角度来看，文本分析课，着眼于语言的建构分析和语义分析，重在发展学生基础性思维能力；评价鉴赏课，着眼于思想建构、审美判断和文化理解，重在提升发展性思维能力。二者都重视思维品质：前者偏重于分析与综合等基础性思维，后者偏重于评价与鉴赏等发展性思维。

文本分析课主要是实现文本"理解"，是指搞清楚文本在说什么，文本中的看法是什么。在"理解"这个层面上，读者的看法是什么并不重要，重要的是文本中的看法。

"评价鉴赏"则是指评价者对文本进行估值，就是我们如何看待文本和文本中的那些现象、那些思想情感，以及那些被使用的艺术手段。评价鉴赏，需要评价者持有自己的观点和立场。我们鼓励学生参与评价，就是在鼓励他们有理智的判断、独立的思考和健全的审美能力。

评价鉴赏课可以单篇进行，也可以统整单元篇目进行。以统整进行为佳，因为单元统整提供了比较、辨析的机会。在具体的课堂实践中，教师通过"评价鉴赏课"这样一种课型，来引导学生对这个单元各个篇目的思想观念、艺术技巧、风格品位进行讨论。这种讨论有很多好处。

第一，让学生逐渐形成思想。评价者之间的观点差异，为学生建构出各种想法提供了机会。人只有思考能力而没有思考产品（思想），是不行的。有了思想，人生观、价值观、审美观就有了构建的基础。

第二，评价鉴赏过程中的讨论，允许学生提出多元的观点，尊重了学生的个性，体现了学生的主体地位。

第三，通过评价鉴赏形成的相关能力，是写作的重要基础，有助于提高作文水平。

根据这两种课型之间的前后相续的关系，就评价鉴赏课型的基本要求，我们提出以下主张：

（1）对文本的评价鉴赏，必须以准确的文本解读为基础，在评价鉴赏课实施之前，先要完成文本分析课，实现对文本的准确理解；

（2）评价鉴赏活动不得远离评价鉴赏的对象，也就是说，阅读教学中的评价鉴赏要紧扣课文文本；

（3）任何评价，都必须基于证据，不得以扭曲文本本意的方式制造批评对象；

（4）评价立场应该是开放的，要在相互尊重的前提下，鼓励观点之间的交锋；

（5）评价要强调思维的系统性，尽量避免片面，鼓励辩证看待事物的意识；

（6）充分关注文本与现实的关联，评论可以也应该与现实相结合；

（7）鉴赏是对文本的艺术形式的评价，是评价的特殊形式，要厘清鉴赏知识，要结合文本语境，要尊重艺术规律；

（8）评价鉴赏过程中，比较是基本方式，为此通常需要掌握一定数量的辅助性材料，以供比较、参照之用。

通过这一堂课的教学实录，我们发现，余老师与我们的主张相去甚远。我们当然不奢望我们的主张就是真理，余老师完全有理由根据他自己的评价鉴赏主张去实施教学。我们并不清楚余老师在这个方面有些什么主张；我们希望了解到他的主张，并一起来探讨。

（二）理解不充分就进入评价鉴赏环节

评价鉴赏课，一定是在文本分析课之后进行的。对文本的鉴赏，要在学生已经准确而充分地理解了文本的思想内容的基础之上，再去探讨作品的语言风格、表达技巧、艺术特色等，从而提高自身认识水平和审美鉴赏力。学生作为阅读的主体，也只有真正贴近、拥抱文本，经历了完整的阅读分析过程之后，评价鉴赏活动才可能有意义地发生。

本课的教学，从实录来看，我们认为学生并没有完成贴近文本的真实的阅读，并不拥有完整的文本分析过程。学生对文本的内容一知半解甚至还比较陌生，这样的表现说明了他们并未经历此前的"文本分析课"。课堂实录中，可以明显看出以下两方面的问题：

1. 学生对主题的理解不到位

虽然我们不能确定在本节课之前，余老师是否有开展重在对文章主题进行解读的"先行课"，但从本节课的学生发言来看，学生们对于文本主题的理解是不到位的。我们来看学生发言的一段实录：

生2：课文中用了"对比"的手法，"我"的父母在前一部分中对叔叔是盼望、赞美，后面见了叔叔却理也不理，这把资本主义社会人与人之间赤裸裸的金钱关系暴露得一览无余。

学生的这段发言，反映出两个问题。

第一个问题是，根据"我"的父母在前一部分中对叔叔是盼望、赞美的，后面见了叔叔却理也不理，就能得出"把资本主义社会人与人之间赤裸裸的金钱关系暴露得一览无余"的结论吗？"我"的父母和于勒叔叔之间的关系，就足以代表"资本主义社会人与人之间"的关系吗？这个发言中会不会存在一个以偏概全的陷阱？"我"也是这个社会中的一分子，"我"与于勒叔叔之间，为何又不是"资本主义社会人与人之间赤裸裸的金钱关系"了呢？

第二个问题是，什么叫"资本主义社会人与人之间赤裸裸的金钱关系"？难道人与人之间的金钱关系只与资本主义社会有必然关系？这篇文章的主题，就是要揭示资本主义社会人与人之间赤裸裸的金钱关系吗？

余老师对于学生回答中"对比"这个术语的使用加以肯定，但对学生的论述匮乏不置一词，对"这把资本主义社会人与人之间赤裸裸的金钱关系暴露得一览无余"这一观点也没有任何评论。也就相当于默认了学生的这一说法。

关于本文的主题，这里不妨多说几句。通过梳理本文的情节，我们不难获得以下认知：

（1）一个深受贫穷折磨的卑微的家庭，能够对生活抱有希望（即使是虚幻的），不应被贬斥。

（2）寄希望于远方的、情况不明的于勒叔叔，不等于这个家庭缺乏自立意识，而更多地意味着在现实中，他们无法通过自己的努力和能力改变生活困境。

（3）人类在物质匮乏的生存困境中关注物质利益，是出于生存的需要，这值得怜悯，而不应受到谴责。

（4）贫穷以至于连两个女儿都"找不着对象""令全家都十分发愁"，这意味着在这个社会中，贫穷已经对最基本的家庭生活和社会伦理构成了威胁。

（5）由于担心"女婿起疑心"使得女儿出现婚姻危机，担心此事伤害自身脆弱的自尊，也由于自家的贫穷无法承受于勒叔叔的"重新拖累"，不与于勒相认，并不代表父亲毫不重视兄弟之情。

基于以上分析可以看出，贫穷是美好人性难以展现的根本原因。事实上，文本中反复强调的是财富对于贫穷人家处境与命运的相关性，没有语义信息指向该家庭只看重金钱而对亲情刻意淡漠。

本文标题为"我的叔叔于勒"，我们可以追问一下：为什么标题不是"于勒"，前面要加上"我的叔叔"这个定语？实录中，余老师也提到了，本文是以若瑟夫的视角来叙述的，在题目中加上"我的叔叔"一词，就是为了突出"叔侄"这一亲情关系。因此，全文所写的不只是"人与人之间的金钱关系"，更强调的是金钱和亲情之间的矛盾。

从人之常情来说，父亲与自己的亲弟弟之间并无仇恨，怎么可能毫无感情？父亲之所以在船上看到自己的亲弟弟却选择"理也不理"，这种所谓的"冷漠"其实只是因为生存的艰难。文中前半部分对于这种艰难有大量的描写，其中最揪心的是因为自家贫穷，自己的两个女儿都嫁不出去。在此情景下，做父母的能不重视金钱吗？那是一个金钱决定地位的社会，贫穷带来的生存困境，迫使"我"的父母不得不如此。

因此，小说要揭示的并不是父母的无情（或他们只看重金钱），而是这个社会太残酷了。这篇小说讲的其实是一出人间悲剧——由于贫穷，为了生存，甚至出现了金钱压倒亲情的现象。父母对于勒叔叔的"冷漠"，其实是情非得已。这不是简单的一句"资本主义社会人与人之间赤裸裸的金钱关系"所能准确概括的。

这样的主题结论的得出，不是依循惯有的"开端—发展—高潮—结局"的情节构成的一般思路所能解读到的。不难看出，在本节课中，学生的回答"第一部分写故事的起因、发展，第二部分写故事的高潮和结局"，这是何等的空疏，何等的言不及义。这样的回答只证明了一点：在这节评价鉴赏课进行之前，学生是没有经历一堂合格的文本分析课的。

我们注意到，开课伊始，余老师有这样一席话：

师：《我的叔叔于勒》是一篇写亲情的文章，是一篇写金钱的文章，是一篇写金钱与人的关系的文章，是一篇经久不衰的经典之作。

这样的开场白，将文章的主要内容乃至主题都呈现给了学生，看似拉近了学生与文本的距离，但实际上，这是用自己的阅读结论或教参上的结论代替了学生的真实阅读。它有一个巨大的风险：学生难免受到教师先入为主的思维定势的影响，对学生进入文本进行实事求是的分析，反而构成障碍。

2. 自选问题进行鉴赏，学生较难得出全面、准确的认识

在讨论八个小问题的环节，余老师深知学生不可能在短短几分钟内对八个问题都做出回答，于是采取了分工合作的方式，要求每位学生自选一个话题，就相关鉴赏任务发表自己的看法。

这样的操作，无疑能使学生全员参与，扩大学生的活动面。而且看似可以节约时间，提高效率。但每个学生只能选取其中一个话题，每个学生的关注点势必只能集中在一个方面，如此一来，每个学生对文本得出的认识，不会是全面的，而只能是支离破碎的。任意一个学生，对于他未能选择的其他七个话题，是不可能拥有深入思考的，甚至没有思考其他七个话题的机会——当某一学生专注于他自选的话题思考答案，他就几乎没有在课堂上思考别的话题的时间。最后，教师集中统一处理这八个话题，每个学生就只是清楚他所思考的那个问题，而对非自选的七个问题感到茫然。这时候别的同学就别的话题发言，就会出现"鸡同鸭讲"的现象，很难引起共鸣，更不可能引发争鸣了。

教学实录的这一部分，从学生的发言来看，九名学生的回答，明显是"各说各话"，每个问题几乎只有一名学生发言，当然无法形成思想上的交锋，更谈不上评价立场的开放。究其原因，主要是教师之前做了任务的分解布置。问题选点太多，而课堂时间有限，教师不得不分解任务。然而，这样做下来，学生究竟有多少收获，就变得十分可疑了。课堂容量倒是很大

了，课堂效果如何呢？是不是真像有位观课教师所说"使学生在 45 分钟时间里学习到了一学期都学习不到的欣赏小说的知识"？我们的结论是：不见得。

五、小结

余老师是一个有成就的教师和教研工作者，这是没有疑问的。这堂课也表现出了余老师"板块式、主问题"的教学组织特色。用他自己总结的"思路明晰单纯，提问精粹实在，品读细腻深入，学生活动充分，课堂积累丰富"的教学设计 30 字诀来评估这堂课，我们认为，"思路明晰单纯""学生活动充分"的标准，是基本符合的；而"提问精粹实在""品读细腻深入""课堂积累丰富"则未见得。

这是一堂评价鉴赏课。评价鉴赏课，对教师的思想高度、审美能力提出的要求是很高的。我们认为，余老师的教学组织水平很高，教学设计指向明确、板块清晰，语文学科特性非常鲜明，这些都是显著的优点。美中不足的是，余老师在语文学科相关知识的研究上，还显不足（或未能有效展现）；在评价鉴赏方法的斟酌上，还欠火候。

黄厚江《阿房宫赋》

一、教学流程概述 [①]

（一）语言知识教学：理解重点词句含义

开课伊始，黄厚江老师便告知学生，要在学生预习时提出的问题中，着重研究几个具有代表性的句子的语义理解。这些句子是"一日之内，一宫之间，而气候不齐""一旦不能有，输来其间，鼎铛玉石，金块珠砾"等。在带领学生理解以上句子时，教师对旧有知识的勾连，重视语法的分析和比较。例如，对于"鼎铛玉石，金块珠砾"，黄老师为了纠正将"鼎铛"视为意动用法的观点，请学生联系此前学过的《邹忌讽齐王纳谏》中"吾妻之美我者，私我也"的"美"的意动用法，进行了对比，从而得出"鼎铛"非意动的结论。

以上是本节课的语言基础知识教学部分。这部分主要是处理学生对文言词句的理解问题。

（二）文意理解：整体把握全文脉络

初步扫清字词障碍后，黄老师运用"缩写""填空"等办法，引导学生把握全文的主干内容。这个环节，黄老师运用的

---

① 本课例的课堂实录来自《语文学习》2007 年第 2 期——《叙事主题：文言文教学的继承和创新》，作者为褚树荣和黄厚江。

是评课者褚树荣口中的"厚薄法",也就是将这篇文章的内容压缩为几个句子,使长文变短。以下为黄老师压缩后的句子:

阿房之宫,其形可谓( )矣,其制可谓( )矣,宫中之女可谓( )矣,宫中之宝可谓( )矣,其费可谓( )矣,其奢可谓( )矣。其亡亦可谓( )矣!嗟乎!后人哀之而不鉴之,亦可( )矣!

经过一番探讨后,师生填空的结果如下:

阿房之宫,其形可谓雄矣,其制可谓大矣,宫中之女可谓众矣,宫中之宝可谓多矣,其费可谓靡矣,其奢可谓极矣。其亡亦可谓速矣!嗟乎!后人哀之而不鉴之,亦可悲矣!

（三）局部探究:内容繁复的兼顾

在整体把握了文意的基础上,第三个环节是对文本局部的探究。这部分的教学内容具有综合性,十分丰富。在教师讲授和师生对话中,既有字词的讲解,句意的讲解,段意的讲解,修辞的讲解,还有赋体文特点的讲解,以及对文章思想内涵的评述。可谓文学、文章、文化多重要素兼具,让人眼花缭乱。

首先,黄老师讲解了之前他缩写的语段中一个关键词"制"的含义。

接下来,为了将"薄"的内容读"厚",他将学生分成四组,让他们到文中去找与缩写版的文字对应的语句——第一组学生寻找课文中写阿房宫形制雄伟、规模庞大的句子；第二组寻找具体地写出宫中之女之众、宫中宝物之多的句子；第三组寻找"其费可谓靡矣"的句子；第四组寻找"其奢可谓极矣"的句子。

学生在交流答案的过程中，教师引导学生关注文中互文、夸张、比较、衬托等手法，并借此归纳出赋体文章注重"铺陈排比"的特点，还通过朗读等方法让学生进一步体会赋体文章语言的气势。

最后，聚焦文章最后一段，带领学生探讨文章主旨。通过分析发现，这段中四个"后人"含义都共同指向"国君"（君主、皇帝），于是黄老师出示了自己改写最后一段的文字，请学生比较其与杜牧原文的优劣并说出理由，黄老师的改写如下：

> 观古今之成败，成，人也，非天也；败，亦人也，非天也。成败得失，皆由人也，非关天也。得失之故，归之于天，亦惑矣！

这个环节，黄老师引导学生从普通人读《阿房宫赋》的角度去寻求启迪。最后，请学生回扣之前被黄老师读"薄"的一段文字——"阿房之宫，其形可谓雄矣，其制可谓大矣，宫中之女可谓众矣，宫中之宝可谓多矣，其费可谓靡矣，其奢可谓极矣。其亡亦可谓速矣！嗟乎！后人哀之而不鉴之，亦可悲矣！"进而将这段话压缩为三个关键字——"奢必亡"，得出结论：这个教训是国君要借鉴的，也是我们这些普通人要借鉴的。

整堂课就在对文章思想内涵的评述中结束了。

二、课型定位

从本课实录可以判定，这是一堂以理解文本思想内涵为主的文本分析课。不得不提的是，本节课的文本分析对象是文言文。对于文言文，一般的理解是，它是用中国古代的书面语写成的文章，言简意丰；它表达的效率较高，表达的容量较大。因此，教师在引导学生体会文句、分析文意方面，需下很大的功夫。这也决定了文言文教学可以宣讲的东西很多。字词的疏通、文言语言现象的归纳、文章大意的理解，似乎都是必不可少的内容。

然而，按照我们的课型分类，教一篇文章，无论是文言文还是现代文，只是认得几个字词，知晓一些语言知识，这属于预习和语言基础知识学习课的任务，并不属于文本分析课的任务。在文言文的学习中，文言字词等简单的、基础的语言知识，仍需强调学生的自主过手，应主要通过学生预习等方式加以解决。即使是文言文，文本分析课最主要的任务，依然是根据文本特质，对文本进行诠释和探究。

本文属于文言文中较为独特的一类——赋体文章。更为重要的是，《阿房宫赋》可谓赋体演变史上重要的范本，郭维森、许结先生的《中国辞赋发展史》谓《阿房宫赋》是"文赋典型"。黄老师也在课堂实录中说，《阿房宫赋》是一篇典型的赋文，有人称之为"千古第一赋"，它典型地表现了赋的内容和特征。既然如此，就不可忽视本文作为赋体文在教材中特殊的教学价值。更直截了当地说，把《阿房宫赋》作为一篇普通的文言文文本来教，这种教学定位是不恰当的。

上一堂阅读课，首先要思考课型定位，然后据此设定教学内容。究竟哪些内容需要拿到课堂上来教，哪些不必拿到课堂上来教，教学内容究竟聚焦在哪里，这是执教者要事先想清楚的。

根据课堂实录，我们可以了解到本课大体上是文本分析课。那么，把这堂课定位为"文本分析课"，是否恰当呢？

从课堂实录中不难发现，对于本文字词含义与文意的理解，学生并无太多难点；本文的思想内容，即黄老师最后总结出来的"奢必亡"，学生也不难理解——俭以养德、力戒奢靡、成由勤俭败由奢，这样的思想古已有之，并非《阿房宫赋》的独创，也就很难说是此文的精髓。教师要讲这些，固然可以；但我们认为，仅仅停留在这些内容上，教学就难以把握文本真正的妙处。

本文作为历史上相当著名的一篇赋体文，独特价值不在其思想性而在其艺术性。根据文本的特质，本课的教学目标，如果确定为对赋体文章表达特征和语言艺术的分析，这将是非常恰当的。更明确地说，把这篇课文的讲授定位为文本分析课，价值不大；定位为评价与鉴赏课，更为得宜。果能如此，更能彰显本文不可替代的教学价值。

黄老师确实有高超的教学组织水平，这堂课中"厚薄法"

的运用也可谓独具匠心。然而，本堂课基本上未能触及《阿房宫赋》真正的艺术价值，这是由教学定位不合理导致的。

从本课教学环节的设置来看，这堂课前两个环节，与《阿房宫赋》的赋体散文特征都是没有直接关系的。第三个环节看似有所触及，但也停留在浅尝辄止的层面，除了用朗诵的方法感受赋体语言之气势宏大外，具体的分析一处也没有。缺失沉入文本之中对具体细节的细致咀嚼，缺乏对想象丰富、夸张大胆、铺陈酣畅的众多语句的分析品味，学生对"赋体"语言措辞之精妙、铺排手法之运用等特点的领会，将永远只停留在概念层面上，因而无助于提升其文学分析和鉴赏能力。

三、本课的两个问题

（一）课型不清，内容杂糅

依据我们的课型分类来观察，黄老师的这节课，设立了四个以上的教学任务：字词和修辞的讲解，属于语言知识学习课；句意的理解和段落的理解，属于文本分析课；赋体文特点的简单讲解，属于文学知识和文化知识学习课；对文章思想内涵的评述，属于文本评价（鉴赏）课……

这堂课的第一个环节，是黄老师带领学生理解预习时提出的几个具有代表性的句子，这个环节固然解决了一些文言字词的问题，却耗时较多，导致留给师生从事文本分析的时间不足。其实，对于高中学生而言，这样的字词理解，真的完全可以安排在预习或预习课中自主完成。

纵观整堂课，固然存在一条文意梳理的主线，但教师希望附带着完成的教学任务较多。主线虽然明确，但这条线上附带的东西太多，负担就显得过于沉重。一辆车所要抵达的目的地虽然是明确的，但这辆车超载了，行驶起来就会缓慢吃力。毕竟，一堂课的时间太有限了。在一堂课中，我们究竟能教给学生些什么呢？文言文教学确实涉及文字、文章、文学、文化等多个层面，毋庸置疑，但这并不意味着这些东西都要放在一堂课里去教。这样蜻蜓点水、面面俱到的教，学生究竟能够在哪个点位上有所突破、有所收获呢？

行文至此，我们再次呼吁——"这节课我教什么？为什么教这些？学生究竟能收获什么？"这是在课型观念指引下，做教学设计应该首先思考清楚的问题。

（二）无视文本特质，浪费文本教学价值

从整个实录的时间分布来看，这堂课教师耗费了相当多的时间和精力在对文意的"整体理解"和"局部探究"上。对于前者，黄老师运用了评课者褚树荣所说的"厚薄法"，也就是把课文读短，短到仅剩黄老师独创的一个小段，这充分显示了黄老师高超的"课程资源创新能力"。在具体操作中，黄老师运用了填空的方法，请学生根据自己对课文的了解，在这些括号里填上合适的词。在学生所填词语不恰当的情况下，黄老师分别运用了对比提示、另举例子、回忆旧知等方式来点拨，这显示了黄老师较强的课堂点拨能力。最终，学生较好地获得了对文章内容整体性的认知。这是值得充分肯定的一个环节。

然而，在"局部探究"中，如前文所言，既有字词的讲解、句意的理解，又有段落的理解、修辞的讲解，还有赋体文特点的讲解，以及对文章思想内涵的评述。内容纷繁芜杂，任务纷至沓来。太多的信息，会导致大脑的混乱。我们认为，本课最大的缺陷，是对于文本特质没有准确的把握，因而未能凸显出最有价值的教学内容。

教师在这节课的最后说："《阿房宫赋》洋洋千言，其实三字足矣。大家想想，哪三字呢？"教师引导学生再次从此前师生合作填空完成的缩写段中，筛选出"奢、亡、鉴"三字。这三个字的拈出，顶多说实现了对文意的"整体把握"；但如果说本文真是"三字足矣"，那么《阿房宫赋》就失去了存在的价值和意义了。这篇美文真正的美味，不在它所表达的观点，而在它所表达的过程。

《阿房宫赋》这篇文章，文不甚长，意不甚深，秦的纷奢而不爱其民，在文本中表达得极为清楚；"后人哀之而不鉴之，亦使后人而复哀后人也"的告诫，也十分明确。在文意理解上，不存在什么难度，即使对于中学生来说也是如此。当学生在文意理解方面并不存在多大问题的时候，教学仍然过多着眼于文意的理解，实际上是浪费时间。而本文的真正精华，在于它的赋体特征，在于它的语言表达的丰富和铺陈排比的淋漓。

"赋者，铺也；铺采摛文，体物写志也。"（刘勰《文心雕龙·诠赋》）"铺采摛文"，本文堪称典范。杜牧以唐诗大家的身份来写这样一篇赋体文，确实显示出了卓越的铺陈排比能

力、杰出的文学想象力和高超的诗性语言风格。"六王毕，四
海一；蜀山兀，阿房出"的高度凝练，"盘盘焉，困困焉，蜂
房水涡，矗不知其几千万落"的想象性视角，"廊腰缦回，檐
牙高啄；各抱地势，钩心斗角"的形象简括，都表现出杰出的
语言表达和语言创造的能力；"明星荧荧，开妆镜也；绿云扰
扰，梳晓鬟也；渭流涨腻，弃脂水也；烟斜雾横，焚椒兰也。
雷霆乍惊，宫车过也；辘辘远听，杳不知其所之也"的夸张性
铺陈，"使负栋之柱，多于南亩之农夫；架梁之椽，多于机上
之工女；钉头磷磷，多于在庾之粟粒；瓦缝参差，多于周身之
帛缕；直栏横槛，多于九土之城郭；管弦呕哑，多于市人之言
语"的对比性排比，都显示出杜牧淋漓尽致、纵横酣畅的运用
语言的惊人才气。

　　这才是本文真正的精华。文意理解，并无太多难点，此前
已说；反对奢靡甚至早已成为传统的政治伦理的一部分，也不
是此文的精髓。教师要讲这些，当然可以，因为这些确实属
于本文的思想内容；但我们认为，这种教学未能把握住文本特
质，不能有效切入文本真正的妙处，浪费了《阿房宫赋》作为
教学文本最核心的价值。一个文本，究竟引导学生来学习什
么，这确实是一个值得思考的大问题。

四、本课的其他问题

（一）教师文本解读不到位导致引导和评价的失误

　　在这节课的开头，教师引导学生理解重点语句，但在解读

文章时，教师也有失察之处。以下为实录：

  师：……有同学问最后一句话"一日之内，一宫之间，而气候不齐"这句话应该怎么理解。……有没有哪位同学能够为提这个问题的同学做一个回答？

  生1：一日之内，一宫之间，地方不同而气候不同，是强调宫很大。

  师：哦，是强调宫很大，很好。其他同学有没有不同理解？

  生2：我觉得这句话从下文来看，"妃嫔媵嫱，王子皇孙"，应该是说秦始皇对一些妃嫔的偏爱或者冷漠……

  师：哦，两位同学的理解不一样。一位同学从实处来讲，是说阿房宫太大了，就像经历了四个季节。一位同学是从主观上讲，宫廷里头不同的宫女受到不同的境遇而感受不一样。都有道理，但我更倾向于后一种说法。因为你看上文，"歌台暖响""舞殿冷袖"，这个"暖"和"冷"，主要是主观的，写感受的。——大家看，把两位同学的理解一结合，这个问题解决得多好啊。

  "一日之内，一宫之间，而气候不齐"，这句话在原文中，是对描写阿房宫建筑的第一部分作出总结。它的意思是说阿房宫建筑的庞大，以及其间歌舞的繁盛。在原文中，这个意思极为清楚，并无歧义。"歌台暖响，春光融融；舞殿冷袖，风雨凄凄"，是说歌舞繁盛，歌声温暖如有春光，舞袖飘拂如起风雨，这是形容阿房宫中歌舞享乐之排场盛大，这也不存在任何歧义。第一位学生的理解，完全正确；而第二位学生联系后文"妃嫔媵嫱，王子皇孙"，说"一日之内，一宫之间，而气候不齐"的意思是指秦始皇对一些妃嫔的偏爱或者是冷漠，这是想偏了，误解文意了。而执教者表示他自己更偏向于这种说法，可见教师对文本的理解也是有偏差的。因而教师接下来对学生的表扬，就是不恰当的。我们一直强调教师的学科修为，教师正确解读文本的能力是硬功夫，一点儿也不能含糊。教师是文本理解的先行者，如果解读有误，就很难正确引导学生。

说到本文的文本解读，在主题方面，仅仅说到对"骄奢亡国的历史教训"的总结，是不够的。这样的解读还不到位。在《阿房宫赋》中，"一人之心，千万人之心也"，是呼吁统治者要以同理心和同情心去体恤人民的需求。秦的统治者反此而行，这就是所谓"独夫之心"，就是缺乏"仁心"。结尾一段，其主旨的表达更为清楚：

呜呼！灭六国者六国也，非秦也。族秦者秦也，非天下也。嗟乎！使六国各爱其人，则足以拒秦。使秦复爱六国之人，则递三世可至万世而为君，谁得而族灭也？秦人不暇自哀，而后人哀之。后人哀之而不鉴之，亦使后人而复哀后人也。

本段中反复提及"爱"，而对奢靡或骄奢，却不置一词。这意味着，在杜牧看来，秦朝灭亡的根本原因，是缺乏对天下百姓的仁爱。而这一段不仅仅议论秦朝，谈及"六国""秦""后人"（以及"后人"的"后人"），实际上是把仁爱作为统治原则上升到了历史规律的高度。简单地说，《阿房宫赋》的主题，是安天下必须有仁爱。那么，"奢靡"在本文中处于什么地位呢？本文极力铺陈的阿房宫中种种奢靡，其实是秦无仁爱的外在表现——由于秦无仁心，于是一心只顾自己享乐，而对六国之民只有掠夺而并无丝毫体恤。

只有这样理解，我们才能对结尾一段作出合理的诠释。只有对最后一段作出合理诠释，我们才能准确把握本文的主旨。人们对《阿房宫赋》的主题理解，历来都仅止于"奢靡"而已，因此黄老师未能在主题方面作出深入探究，也是情有可原的。尽管如此，我们还是很难认同黄老师对最后一段的"改写"：

观古今之成败，成，人也，非天也；败，亦人也，非天也。成败得失，皆由人也，非关天也。得失之故，归之于天，亦惑矣！

在杜牧原文中，并无"成败得失归之于人而不能归之于天"的意思；秦或"后人"，也没有错误地归因于天的这种认识。因此，这段改写，不是"改写"而是"创作"，和杜牧这篇文章，没有丝毫关系。教师出示这样的改写，容易对学生理解文意造成误导。

（二）教师语言和语法知识储备不足，出现了引导缺位

在课堂上，教师勇于引导学生面对文言翻译中的难点，这是应充分肯定的。然而从实录可以看出，这种引导有时虽有开始却无结果，虽有观点的展示却无道理的分析，到最后给人以"语焉不详"的印象。

师："鼎铛玉石，金块珠砾"是一直有分歧、有争议的句子。"鼎铛"，（板书"鼎铛"）有很多书上认为是意动。同学们自己学习的时候，你也认为这是意动用法的，举手给我看看，有没有？（部分同学举手）哦，请放下。认为不是意动的，也请举手。

生4：我觉得是。

师：是意动？

生4：是意动。

师：当然，这也是一个说法，可黄老师不认为是意动。为什么呢？同学们想一个你们以前学过的比较典型的意动用法的句子。

生5：《邹忌讽齐王纳谏》，"吾妻之私我者，美我也"。

师：吾妻之私我者，美我也。是"私我"还是"美我"？

生5：哦，是"吾妻之美我者，私我也"。（生笑）

师：是"美我"。（板书"美我"）什么叫"美我"啊？把我看作美丽的，认为我是美丽的。那么"鼎铛"是什么意思？看注释是怎么说的，是把宝鼎当铛。再想一想，它是意动吗？

如果是，哪一个词是意动？还有同学认为是意动的吗？（没有同学举手）没有了？同学们课后根据注释再琢磨琢磨，有不同意见，我们再讨论。

"鼎铛玉石，金块珠砾"，意思是"以鼎为铛，以玉为石，以金为块，以珠为砾"。这当然不是意动用法。意动用法的语法结构，是"意动词 + 名词（或代词）"，在形式上存在动宾关系。"鼎铛玉石，金块珠砾"，如果存在意动用法，翻译的时候就应该被理解为"以铛为鼎，以石为玉，以块为金，以砾为珠"。如果这样翻译，意思就反了，完全颠倒不合原意了。因此，这显然不是意动用法。"鼎铛玉石，金块珠砾"这种结构，与贾谊《过秦论》中"瓮牖绳枢"，是完全一样的。至于本堂课的评课者褚树荣以为这是赋体文为了押韵而颠倒，则是没有根据的（《过秦论》中"瓮牖绳枢"用法与此相同而并不存在押韵需求）。这很可能意味着他对这种文言语言现象的理解还不够透彻。

为了帮助学生理解，黄老师"温故而知新"，请学生回顾了以前学过的典型的意动用法的句子，这个做法值得肯定。然而，却缺少对于这个句子"为什么不是意动用法"的原因的直接且深入的分析。在进行了一番讨论之后，教师抛出一句"课后根据注释再琢磨琢磨，有不同意见，我们再讨论"就结束了。至此，这个问题并未真正解决，"课后再琢磨"，常常也就是不了了之罢了。其实，如果教师对此提供一个语法形式分析，学生是不难搞清楚的。

五、小结

从课堂实录来看，黄厚江老师是一位教学的老手和好手。从他自己拟写的《阿房宫赋》的"缩写版"，可看出其语文表达功底是不错的；他驾驭课堂、引导学生，亦多有可取之处。

这堂课最大的问题，是教师对文本的教学解读有所欠缺。教学解读，就是要解读作为课文的文本的教学价值，如何把具体课文和课程要求结合起来，促进学生语文学科的能力发展。常言道"教材是一个例子"，那么，这个例子的典型性何在，如何用好这个例子使其发挥出最大的教学价值，这是教学之前首先要考虑的。

《阿房宫赋》的教学价值何在？这就要看这篇文章的文本特质。它不是一篇普通的文言文，是一篇赋体文。对于一个艺术文本（艺文）而言，对语言艺术形式的分析（怎么写的），应是教学考虑的重点。赋体文章是典型的艺术文本，本文在词汇运用、排比铺陈（以及为此而进行的语言表达变式）等方面，具有独特的教学价值，必须高度关注。在整个语文教材中赋体文本就稀有，《阿房宫赋》作为赋体文的教学价值是不可替代的。因此，我们认为这一堂课没那么成功的主要原因，就在于未能体现出《阿房宫赋》这篇课文独特的教学价值。由此我们也可得到一个教训：一位教师，无论课堂教学能力多么强，如果教学解读不到位，在教学构思阶段未能抓住文本特质挖掘出高质量的教学内容，也很可能上出品质不高的语文课。

王君 《老王》

一、教学流程概述 ①

（一）导入

王君老师的课堂导入，是背诵《海燕》中的句子："在苍茫的大海上，狂风卷集着乌云。在乌云和大海之间，海燕像黑色的闪电，在高傲地飞翔。"意在将海燕"飞翔"的状态与本课中的老王的生命状态进行对比。

导入后，教师在 PPT 上出示了课文中"他靠着活命的只是一辆破旧的三轮车"这句话，请学生从中选出能够最深刻地指明老王的生存状态的一个词语，学生很容易找出了"活命"。接下来，教师围绕"活命"二字，运用"文本细读"的多种方式，让学生感受老王的"活命"状态。

（二）感受老王的"活命"状态

1. 朗读和对话品味

教师首先用投影展示课文中描述老王以"活命"的状态走到生命尽头的语句：

---

① 本课例的课堂实录来自王君《"活"出高贵的生"命"——〈老王〉课堂教学实录》，《语文教学通讯》2012 年第 9 期 B 刊。

老王直僵僵地镶嵌在门框里

他面如死灰

两只眼上都结着一层翳

分不清哪一只瞎

哪一只不瞎

说得可笑些

他简直像棺材里倒出来的

就像我想象里的僵尸

骷髅上绷着一层枯黄的干皮

打上一棍就会散成一堆白骨

教师请学生朗读以上语句，当发现学生对情感的理解不到位后，补充了一段"公私合营"时期取缔"三轮车"的背景资料，以增加学生对那一段历史的了解。又请学生将原文中的一段文字（据老王自己讲：北京解放后，蹬三轮的都组织起来，那时候他"脑袋慢""没绕过来""晚了一步"，就"进不去了"，他感叹自己"人老了，没用了"）转换为老王对作者的倾诉，用师生对话的方式让他们进一步品味"活命"的第一层含义首先是被社会抛弃。

为了让学生进一步了解其"活命"的艰辛，教师选取了文中一段介绍老王的家庭状况的文字——"有个哥哥，死了，有两个侄儿，'没出息'，此外就没什么亲人"，把原文的叙述语言改换成老王和作者的对话，让学生体会到"活命"状态的第二层内涵是"没有家庭、没有（什么）亲人"。

2. 探究疑点

接下来，教师抓住了原文中老王和作者的一次闲聊，将其改编成老王和作者的一次对话（师：老王啊，那个地方是不是就是你的家啊？生：住那儿很多年了），引导学生发现老王对作者提出的问题"答非所问"，进一步体会其"没有家"的活命状态。

3. 咬文嚼字

教师在 PPT 上出示了课文中一组含有"只"的语句，让学生品读体会老王走投无路、孤苦无依的"活命"状态。这一组文字如下：

> 他靠着活命的只是一辆破旧的三轮车
> 他只有一只眼
> 他只好把他那辆三轮改成运货的平板三轮
> 开始几个月他还能扶病到我家来，以后只好托他同院的老李来代他传话了
> 他只说：我不吃

这个环节的最后，教师再次总结回顾了老王迥异于"海燕"的生命状态，并通过一则补充的材料，让学生了解杨绛作品"沉定简洁"的特色，并总结：在这一环节的分析中，运用了"咬文嚼字""深情朗诵"等"文本细读"的方法。

（三）感受杨绛的"活命"状态

该环节从分析老王的"活命"状态引申到分析杨绛的"活命"状态。

首先，教师通过补充资料介绍杨绛其人，并重点分析"我常坐老王的三轮。他蹬，我坐，一路上我们说着闲话"这句话中看似多余的"他蹬，我坐"四个字，引导学生感受作者对老王温暖、亲切之外的"复杂"情感。学生谈到了感谢、不安等。其次，教师请学生运用上一环节提到的"咬文嚼字、深情朗读、重现情景、发现空白、探究疑点"等文本细读的方法，研读思考老王和杨绛之间发生的那些事，进行课堂争鸣：老王去世了，杨绛的心是否"不安"？

学生谈到了"应该心安"和"不应该心安"两种截然不同的观点并各自阐述了理由。教师抓住老王死后作者"没多问"这个细节，引导学生深入分析其"没多问"的原因，从而引导学生了解杨绛的生存状态。最后，教师补充了"文革"的资料和杨绛回顾"文革"岁月的资料，得出"杨绛一家也是活命的状态"这一结论。

（四）总结——活出生命的高贵

基于前面两个环节的分析得出的结论——老王和杨绛都处于"活命"的状态，教师再次介绍"文革"那段"疯狂的岁月"，并出示杨绛因为不安对自己进行"剖析"的文章结尾（几年过去了，我渐渐明白：那是一个幸运的人对一个不幸者的愧怍），意在引导学生体会其内心的高贵。

接下来，王君老师出示了自己写的题为《老王和杨绛》的读后感，并配乐请学生朗诵。在朗诵后，她动情地总结——哪怕处于"活命"的状态，我们也可以通过我们高贵的内心，进入生命的高贵的状态，老王如此，杨绛也如此。要求学生用一生去体会并记住投影上的最后两个字："愧怍"。

二、课型定位及教学重点

（一）课型定位

从本课实录可以判定，这主要是一堂文本分析课。我们欣喜地看到王老师有意识地引导学生进行文本的细读，并且非常注重细读方法的指导。阅读教学中，教师试图通过教学活动总结出阅读方法，诱发从感性认识到理性认识、从现象到规律的跃升，这个方向值得肯定。

从实录的三个环节（导入环节除外）来看，王老师把本课的教学目标确定为主题理解，即通过感受老王和杨绛"活命"的状态，理解"活出生命的高贵"这一文章主旨。从课型的角度来看，前两个环节大部分的设计符合"文本分析课"的内容，具有明确的语文性；而第三个环节的"思想引导"，已经稍微超出语文课本身的范畴，带有班会课、思想品德课等课程的色彩。

（二）教学内容及重点

教学内容的选取和教学重点的确定的重要依据是对文本准确、深入的解读。通读《老王》全文，我们不难看出，老王的人生是悲酸的——贫穷，身处社会底层，老实，善良，忍耐，懂得感恩，这些信息通过梳理文本都不难看出。而"我"作为"雇主"，尽管对老王也有一定的关心（如：送鱼肝油），但几乎一直是用钱来处理与老王的关系（如：送冰不要老王减半收费，照顾老王的生意，临终前老王送鸡蛋和香油，"我"也照样给钱等）。虽然双方都是善良的人，但彼此的心灵是相隔的。本文本质上表现了阶层的隔膜——虽然同处时代的苦难中，但由于身份意识和阶层差异，出现了知识阶层的"我"虽然对底层劳动者老王心怀悲悯，却不能完全对等相待的现象。在这样的时代和社会中，老王是一个善良的受难者，也是一个孤独的受难者。他的悲剧折射了社会和时代的悲剧。

根据上面的分析，对社会的批判性反思乃是本文的真正主题，这一主题涵盖两个元素：第一，社会人群（基于各种原因）的撕裂所造成的心灵隔膜；第二，底层人物的悲酸人生所引发的对时代和社会的反思。在小人物老王的命运背后，潜伏着一个宏大的主题。

然而，王老师的教学，完全无视"我"和老王之间的隔膜，重在强调两者都处于"活命"状态，并赞扬在此状态下仍然能够"活出生命的高贵"。文本理解的偏差，导致了教学方向的偏差。文中明明说"那是一个幸运的人对一个不幸者的愧

作"，把"我"和老王进行了明确的区分——尽管"我"与老
王都处于这个苦难的时代之中，但彼此的个体命运仍然是有区
别的。老王对"我"，"我"对老王，仔细分析可以看出，在文
中表现出来的态度与情感迥乎不同。王君老师无视这些重大的
不同，而引导学生去感受老王和"我"之间的相同（都是"活
命"状态），这是教师解读文本出现的重大失误。这继而使得
教学内容出现重大失误，也导致确定教学重点的失当。

三、本课的文本细读问题

正如王君老师课堂上补充的资料所说，"沉定简洁是杨绛
作品的语言特色"。《方法与案例：语文经典篇目文本解读》一
书中说："《老王》的叙事，用最简单和冷静的语言，讲述最悲
哀的故事。文本中不少地方甚至表现出刻意的缄默……这种
简单、冷静甚至缄默，是一种很高的叙事境界。"文本"简单、
冷静"的语言特点，决定了要想理解本文的深意，准确揭示本
文的主题，确有必要运用"咬文嚼字"等文本细读的方式，带
领学生沉入文字当中。从这个角度来说，王老师的最初想法是
正确的。然而在具体操作环节，出现了一些问题。

（一）什么才是方法？

阅读教学，最重要的是教会学生读懂文章。教师如果能够
通过教学实践，总结出行之有效的方法，让学生的阅读能力有
所提升，那么这堂课就是相当成功的。但我们从本课中观察到

一种现象：教师所总结的方法，要么本身存在问题，要么根本不能运用于实践之中。例如，在本课第一个环节的最后，王君老师总结出了关于文本细读的方法，下面是课堂实录节选：

师：其实刚才我们在分析老王的时候，就用了一些文本细读的方法……

（屏显）

文本细读方法小结

咬文嚼字

深情朗读

重现情景

发现空白

探究疑点

……

这里的"文本细读"不是文学批评意义上的，而是指精细地阅读文本。既然精细，那就要"咬文嚼字"，落实到字句层面。"咬文嚼字"可以说是文本细读之必需。

然而，"咬文嚼字"算得上一种方法吗？"咬文嚼字"只是提出了一个方向、一个任务，亦即要求学生的阅读必须精细到字句层面。如何去"咬文嚼字"，怎么"咬"，怎么"嚼"，"咬文嚼字"要遵循怎样的路径才能提取文意、玩赏文味，在这个层面上可操作的东西，才是真正的方法。又如，"发现空白"，也不是具体的方法，怎么观察文本存在空白，依据什么标准来确定"空白"的存在，怎样区分"空白"与"非空白"，那才是真正的方法。如果教师只是提出要"咬文嚼字""发现空白"，学生在具体阅读的时候，其实还是照旧茫然——因为他们并未获得真正的方法。

至于"深情朗读"之类的，能否纳入文本细读方法，也是很可疑的。"书读百遍，其义自见"，其实是激励人们多读书直至读熟的，但如果没有基本的语言理解基础，仅仅通过读就想懂，恐怕很不现实。此外，只有对所读内容的思想情感已能领会把握了，才可能做到"深情朗读"；既然说"深情朗读"，那就意味着理解已经达成，它就不再是文本细读的方法，而进入用声音表达文本思想情感内涵的境界了。

方法的分类，也必须科学合理。例如，"咬文嚼字"能够和后面的这几项并列吗？没有"咬文嚼字"，你能做到"重现情景""发现空白""探究疑点"吗？"咬文嚼字"和后面几项，根本不是一个逻辑层面的东西，并列在一起，可谓不伦不类。

（二）如何"沉入"语言细节之中？

这节课的第一环节，主要是"感受老王的活命状态"，所以王君老师主要选择了"读"的方式，通过读来体会这种状态。这个思路本身是没有问题的。问题在于执行的过程中，篡改文本，不伦不类。

例如，原文为："有个哥哥，死了，有两个侄儿，'没出息'，此外就没什么亲人。"

教师设计了一个改文："有个死了的哥哥，有两个没出息的侄儿，此外就没什么亲人。"

如果只是通过改文和原文的对比，来辨析语意的区别，这还是不错的，但教学实录中这段对话，却显得十分笨拙了：

师：老王啊，你老伴还好吗？

生：还好……

（众反对）

师：结合前后文想想。

生：哎，我没有老伴……

师：老王啊，你孩子都长大了吧？

生：哪有孩子啊……

师：哎哟，老王啊，你家里还有什么亲人呐？

生：唉，有个哥哥。

师：哎哟，有哥哥真好啊。

生：可是死啦。

师：怎么就死了呢？那还有什么亲人吗？

生：还有两个侄儿。

师：那两个侄儿也能够经常走动走动帮衬帮衬你吧？

生：都没出息啊。

师：那还有其他可以照顾你的亲人吗？

生：没有什么亲人了。

杨绛原文，凝练有味。老王看似淡然的回答背后，隐藏着很深的无奈与酸楚。要理解这句话的内涵，对于中学生来讲实际上并不困难。然而这个对话，把文学语言变得如此口语化，淡然无味，十分可惜。在这个对话过程中，教师扮演"我"的角色，嘴里"哎哟""哎哟"，把"我"这位内敛矜持的知识分子变成了市井妇人，完全不符合"我"的性格与身份，十分不得体。

"文本细读就是沉入词语里。"斯言有旨。文本细读要沉入词语里，是指我们要"沉入"文本的词语里，而不是让文本沉没在我们的口水话里。语文教学的语言建构这一维度极其重要，而我们通过教学所要建构的，是高雅的、高品位的语言，而不是口水话。使经典性文本的经典性语言降格为庸常的、低品位的语言，这是犯了方向性的错误。简单地说，我们是要学生去适应经典，而不是让经典来适应学生。

（三）"知人论世"和文本细读

需要注意的是，在整个授课过程中，王老师补充了大量课外的内容：关于杨绛的生平资料（第二环节）、关于杨绛的作品风格的资料（第一环节）、关于"公私合营"的资料（第一环节）、关于"文革"的资料（第三环节）和"杨绛回顾'文革'岁月"的文章片段（第二环节）。补充文本之外的关于作者和时代背景的资料，利用这些资料对文本加以解说，我们可以将这种补充及建立在这个基础上的分析探讨通称为"知人论世"。对此，我们的看法如下。

首先，我们并不反对知人论世，但它不能代替文本分析，只能是文本分析的旁证，只能在独立分析文本得出结论之后，作为诠释的一种佐证。在教学中，这里面可能存在的风险是，学生的注意力容易转移和分散，新加的材料容易引发学生的好奇心，当学生把注意力转移到教师补充的材料上，他们就容易脱离文本去关注相关人物的经历和相关时代的故事。一旦与文本脱离，问题就大了，毕竟课文文本才是阅读教学的对象。

其次，从课型分类的角度来说，文本分析课的基本要求，是要把分析严格约束在文本边界之内，不得任意补充别的资料来对文本进行解说。在我们看来，这种补充超出了文本分析课的范畴，只有在文本评价与鉴赏课、文学知识与文化知识学习课这两种课型中，才是被允许的。在文本分析课中，这样做的风险也是很大的，补充材料很可能煽动学生放大课文文本中的次要信息，然后把课文中的次要信息理解为主要信息，进而扭曲对课文的主题理解。这样，整个文本分析就被扭曲了。以本课来说，王君老师把《老王》的主题错误地解读为"活出生命的高贵"，这个错误解读很可能是由于王老师自己受到外围资料的影响——假如你看到不少关于作者杨绛如何"高贵"的外围资料，你在读《老王》的时候很可能已经存在一个预设：文中的"我"（杨绛）是高贵的。这个预设削弱了阅读理解的客观性。事实上，《老王》中非但没有表现"我"的高贵，反而表现了"我"的自私、怯懦和渺小——这正是本文结束时，作者"愧怍"的原因。

最后，"知人论世"，与"沉入语言"的文本细读本质上是矛盾的。"沉入语言"的文本细读，要求沉浸在文本内部；而"知人论世"，却是跑到文本之外去了。文本细读和"新批评"是紧密相关的，"新批评"明确反对文本外资料对文本的干预。不难看出，王君老师的这堂课在理论上是糊涂的，在方法上是矛盾的。

四、本课的其他问题

（一）教学语言的不恰切

如前所述，文章本身"简单、冷静"的风格和故事悲哀的结局，让我们明显感觉到：这是一篇让人"笑不起来"的文章。教授这样的课文，教学语言的风格也应配合文本的特点。实录中存在多处缺乏分寸的教学语言，我们来看这一段：

师：同学们啊，老王生命当中除了这些"只"以外，可以说一无所有。我们读的时候，每个"只"都要重读。

（投影展示）

他靠着活命的只是一辆破旧的三轮车

他只有一只眼

他只好把他那辆三轮改成运货的平板三轮

开始几个月他还能扶病到我家来，以后只好托他同院的老李来代他传话了

他只说：我不吃。

……

（生读）

师：不能读成这个丫头刚才这样。太雄壮了，太有真气了，像每天都吃鱼肝油一样。老王一辈子可只吃了一回鱼肝油啊！（众笑）重来。

原文中这些话语非常悲酸，非常沉重。王君老师批评学生没能读出沉重感，这是对的；然而教师教学语言如此油滑，怎么能够正确地引导学生沉浸到那种悲酸的场景中去呢？

课文中确实有鱼肝油的故事，也许有些教师还觉得此处的教学语言勾连很巧妙。而这种教学语言的效果，却是学生的哄堂大笑。老王的悲酸，就被这笑声完全抹杀了。这样的教学语言不是幽默而是油滑。这样的教学，无法唤醒学生的悲悯，因此是不可能"见众生"的。

在讲授一个悲剧性故事的时候竟然出现了"众笑"的喜剧效果，无疑是一个败笔。

（二）思想引导的不合逻辑

如果依照前面环节的思路，本堂课在文本细读上下足功夫，那么这堂课仍有可取之处，尽管执教者所提出的文本细读方法是有问题的。

在这堂课的最后一个环节，教师突出"活出生命的高贵"，很明显这是一种思想的引领和教育。也许这是基于王老师"见众生"的理念而设计的。然而，揆诸课文文理，王老师所讲的，既不合逻辑也不合课文。"活出生命的高贵"，这在《老王》所描述的时代中，几乎就是不可能的——不是老王不想活得高贵，也不是"我"不想活得高贵，是时代环境迫使他们必须活得卑微。

老王是高贵的吗？他确实懂得感恩，有着普通底层民众的善良。"我"是高贵的吗？"我"也确实有同情弱者的悲悯，以及反省的良知。但只是这些，还很难被充分地定义为"高贵"。作为读者，在本文中，我们能看到时代的伤痛，看到阶层的隔膜，看到无论哪个阶层的人都卑微地生活在痛苦之中，然而就是看不到所谓"高贵"。我们应该懂得，"高贵"是一个高贵的形容词，并不是你只要有一点优点就可以被定义为"高贵"。

"卑微的生命即使在尘土中也依旧开出了花来"，无论你在尘土中开出了怎样的花，依然无法改变生命在现实中无比"卑微"这个事实。

至于投影展示出来的下列文字，简直就是在宣扬一种受虐的价值观：

越是被剥夺，越是懂感恩；
越是被伤害，越是懂悲悯；
越是缺得多，越是要得少。

我们不应歌颂剥夺，我们不应歌颂伤害，我们不应歌颂苦难，尤其不能歌颂被强加的苦难。不公平永远不值得歌颂，因而受虐永远不值得歌颂。这已经不是有毒的鸡汤了，这是砒霜。

（三）才华展示，不见众生

这一环节中，王老师展示了她写的诗。

老王和杨绛

王　君

你只有一只眼

但你把这世界看得多么明白

你的房屋荒僻塌败

但你的心里却充满了温暖

你的三轮车都拉不动那破破落落的日子了

但你还是伸出双手捧出了

你的大冰块

还有大鸡蛋

你呢

你不安一直不安

他蹬你坐你不安

他只有一只眼你不安

他要半价收费你不安

他送人看病不要钱你不安

他的香油和鸡蛋让你不安

他的悄悄去世让你不安

……

真的真的

你已经做得够好了

但你还是觉得自己不够慷慨

于是在被命运流放的日子里

你又把自己送上了灵魂的祭坛

你们啊活命的你们啊

在那个时代

一样卑微一样艰难

但你们彼此的牵挂好像那大瓶的鱼肝油

是疯狂岁月里的热血和肝胆

而这个世界

也因为一位百岁老人的愧怍

让多少曾被嘲笑遗忘的珍贵

涅槃

……

教师有才华，无疑是好事。但让学生们敬佩教师的才华，并非教学的意义，除非你能使得他们变得有才华。

在语文公开课上，教师展示自己的才华，本来无可厚非，有才华可以展示毕竟是一件愉快的事；但教师的才华展示是为发展学生的语文能力服务的，这一点必须讲清楚。教师在舞台上光彩夺目，而学生成为被老师才情震慑的观众，这是尊重了学生的主体地位吗？教师当然要"见众生"，对于一位教师来说，她需要见的众生，首先是她的学生，而不应该是她自己。

这堂课的教学目标究竟是什么？这是一个十分朴素的问题，但教师们常常并未想清楚。就这堂课来说，文本细读，而未得细读之法；"沉入"语言，结果"沉"在了口水话里；思想引导，而乖违了作品文意；才华展示，结果是教师炫目而学生黯淡。王老师这节课做了很多事，但静下心来评估，我们认为没有一件事做得透彻，有些事还做得未必正确。如果我们问，学生能通过这样的教学建构出什么，这个问题将不会有符合我们期望的答案。

尤立增

《咬文嚼字》

一、教学流程概述 [①]

（一）导入热身：解释标题，介绍作者

开课伊始，尤立增老师便告知学生，本单元学习的都是文艺性随笔；并通过"同级阅读""高级阅读"的对比告诉学生，后者虽然有一定的阅读难度，但会带给他们更大的收获和影响，意在消除学生学习的畏难情绪，拉近学生和文章之间的距离。

关于"同级阅读""高级阅读"，尤老师的诠释是："同级阅读"是指阅读同龄人的作品，这种作品的特点是感觉非常好懂，容易引起情感共鸣，但收效不会太大。"高级阅读"是指阅读大家的作品，其特点是存在一定的阅读障碍，但"大家"心灵伟大、思想深刻，能给读者带来诸多的启示和深远的影响。

接下来，教师从解释标题的含义入手，请学生分析自己所熟知的古人"炼字"的例子，获得对题目"咬文嚼字"的初步理解。

然后，引入对作者朱光潜及其作品的介绍，并隆重推荐其

---

① 本课例的课堂实录来自《尤立增讲语文》，于漪、刘远主编，语文出版社，2008 年版。

《谈美书简》一书。

（二）整体感知：交流感受，传授方法

导入之后，教师请学生交流对这篇议论文的初读感受。学生主要提出了"对主题思想把握不准"和"文章前后联系不起来"的问题。对于以上困惑，教师介绍了"宏观把握、微观推敲"的阅读和理解文章的方法并加以简单的阐述——首先应该对文章从宏观上进行把握，即把握文章的思路，初步领会文章的主旨，以"神"统领全文的阅读；然后再深入文章细节，进行细致的研读。接下来，复习了议论文提出中心论点的几种方式——开头提出论点、最后提出论点和在文章中间提出论点，并介绍了如下方法：当论点出现在文章的中间部分时，可以运用"删除文中'例子'的方式"，筛选出文章中心论点。

（三）宏观把握：运用方法，辨析论点

接下来，尤老师请学生运用以上方法，展示自己所找到的中心论点。学生的答案出现了分歧：一学生认为是"咬文嚼字，在表面上像只是斟酌文字的分量，在实际上就是调整思想和情感"；另一学生则认为是"在文学，无论阅读或写作，我们必须有一字不肯放松的谨严"。

于是，教师组织学生围绕这两个看法进行了讨论和辩论，并从整体把握行文思路的角度对学生的讨论进行了引导和评价；还故意坚持"咬文嚼字，在表面上像只是斟酌文字的分量，在实际上就是调整思想和情感"的第一种看法，引导学生拿出证

据进行批驳。学生通过文本后面部分的内容发现与老师坚持的这个论点并无关系，最终明白了这只是全文的一个分论点，文章后面部分是在论证另外一个分论点"咬文嚼字是文学创新的保证"；而这两个分论点都统摄在"在文学，无论阅读或写作，我们必须有一字不肯放松的谨严"这个中心论点之下。这个环节师生间的辩论精彩而充分，达成了对文本统一性的更深刻的理解，也使学生明白了一个道理：文章整体思路必须"一以贯之"。

（四）微观推敲：答疑解惑，总结收获

在对文章的宏观把握完成之后，尤老师实践了他教给学生的文章理解方法的后四字——"微观推敲"。这部分主要采用教师解答学生疑惑的方式完成。

学生先后提出了四个问题：

（1）怎样理解"套板反应"？如何消除"套板反应"？

（2）作者在文中提到了韩愈的一句话"唯陈言之务去"，这句话是什么意思？为什么作者说"这是一句最紧要的教训"？

（3）文中引用了苏轼的两句诗，整首诗是怎样的呢？

（4）陶潜（陶渊明）《五柳先生传》中说"不慕荣利，好读书，不求甚解，每有会意，辄欣然忘食"，"咬文嚼字"与"不求甚解"是否矛盾？

对于这四个问题，教师对此分别加以解释和回答。最后，尤老师提出"这篇文章给我们的阅读和写作带来哪些启发"这一问题请学生思考。部分学生结合自己的阅读体验和亲身经历谈了自己的认识。为了践行文章中心论点所倡导的"谨严精神"，尤老师以接受学生"处罚"——唱一段京剧的方式，结束了这堂课。

二、课型定位及教学重点

从本课实录可以判定，这是一堂文本分析课。更确切地说，是对一篇议论文的文本分析课。

从学生初读的困惑这一学情来看，把本课的教学目标确定为对主旨（中心论点）的理解，应无不可。要理解论点，对论据与论证的分析就是必需的：因为论据是为论点服务的，严密的论证过程也必然是为证明中心论点而渐次展开的。为了实现"对主旨（中心论点）的理解"这一目标，教学环节可以分解为两个大的步骤：对论证思路的分析和对论据作用的分析。

从教学环节的设置来看，这节课的文本分析的内容，主要完成了前一部分，也就是"对文章论证思路的分析"。而对后半部分，即"对论据的作用的分析"，则几未触及。也就是说，本课的前三个环节在实现教学目标上是必不可少的，但尚不完整；同时，第四个教学环节则是不必要的，因为这些"微观推敲"，与确定中心论点的关联实在不大。这节课后半部分真正应该做的，恰恰应该是带领学生去分析文中的论据，即文中作为论据存在的关于"咬文嚼字"的具体例子。这些例子在论证过程中究竟是如何聚焦于论点的，需要更为精细地分析。

本课的最大亮点在于中心论点的分析方面，具体如下。

第一，对中心论点的提取异于常说，表现了尤老师相当不错的独立思考能力。

绝大多数教师都认为，本文的中心论点，是"咬文嚼字，在表面上像只是斟酌文字的分量，在实际上就是调整思想和情感"。事实上，语文教学参考书上就是这样说的。但是，尤老师并未迷信此说，带领学生对本文论点进行独立的分析判断，这是让我们非常佩服和尊敬的。

第二，对中心论点的辨析，有方法的提供。尤老师采用了"删除文中'例子'的方式"来筛选议论文文本的主要信息，这种做法是科学合理的。

文本中的信息，有主要信息和次要信息之分。在议论文中，凡是涉及类同论点的文本信息，在采用"删除法"进行筛选和过滤的时候，必然是很难被删除的。尤老师根据议论文的一般特点，比较克制地使用了"删除文中'例子'的方式"，这种做法是相当稳妥的。当然，只是删除"例子"，文本中依然存在相当多的次要信息，因而课堂上接下来出现了学生的分歧——一学生认为是"咬文嚼字，在表面上像只是斟酌文字的分量，在实际上就是调整思想和情感"；另一学生则认为是"在文学，无论阅读或写作，我们必须有一字不肯放松的谨严"。然后尤老师趁势引导到"论证思路"的分析上，整个教学流程可谓非常得法。

不难看出，对"中心论点"的确认，构成了本堂课的主体内容。"中心论点究竟是哪一个"，这一问题是这堂课需要解决的核心问题。解决这一问题有两个路径：一是通过论证思路分析，立足于文章的系统性或整体性，确定中心论点；二是对论据进行分析，通过分析论据的意义指向，分析论据与论点的关系，来对"这些例子究竟在证明什么"加以回答，进而确认论点是什么。第二个路径也是议论文分析必须进入的，遗憾的是尤老师对此着意不多，这节课的后半部分变成了"微观推敲"，主要用来解答学生课堂"生成"的疑惑了。

三、作为文本分析课的两大问题

（一）课型杂糅：教学目标不集中，不单一

依据我们的课型分类来观察，尤老师的这节课，设立了四个以上的教学任务：了解古人"炼字"的事例以及关于朱光潜的知识；掌握"宏观把握，微观推敲"的理解文章的方法；把握行文思路，判断中心论点；在写作上学习"咬文嚼字"的谨严精神……

品评古人"炼字"，这是评价与鉴赏课；了解关于朱光潜的知识，这是文学知识（包括文学史知识）和文化知识学习课；掌握"宏观把握，微观推敲"的理解文章的方法、把握行文思路、判断中心论点，这属于文本分析课；学习写作时"咬文嚼字"的谨严精神，这属于写作学习课。

教师想要完成的事项太多，但一堂课时间有限，究竟能教给学生些什么呢？从本文特质的角度看，作为文艺学随笔（论文），这堂课的教学目标，究竟确立什么才是最有价值的呢？

一旦回答清楚这些问题，就可以感觉到本节课有很多环节是应该增删或调换的。

如前所述，定位为议论文，分析确定本文中心论点，是本堂课的主要任务。据此，我们来分析这堂课的教学环节。

第一，教学环节之间的逻辑连贯性问题。

这堂课的第一个环节，是引导学生了解古人"炼字"的事例以及作者朱光潜。接下来第二部分，才进入一般的文本分析环节。第一个环节从解释题目含义，到引导学生认识"炼字是锤炼语言最精微的体现"，进而让学生从诗词中举出几个例子或者说因为一个字的运用而盘活整首诗的意境的例子，这与理清文章论证思路的分析环节有内在联系吗？学生举出了"鹰击长空，鱼翔浅底""春风又绿江南岸"等诗文中炼字的例子，就能解决他们自己提出的"文章的主题思想把握不准""文章前后联系不起来"等阅读中确确实实存在的难题了吗？再者，如果不介绍关于作者朱光潜的相关知识，不阅读他的大作《谈美书简》，就不能读懂本文吗？如此，则可以得出结论：第一个环节并非构成第二个环节的前提，课堂的逻辑连贯性出现了断裂；从课型的角度来说，第一个环节与文本分析基本无关，可以安置到其他课型中进行处理。

第二，方法的恰切性问题。

尤老师这节课具有鲜明的方法意识，"删除法"也是切实有效的方法。尽管如此，本课仍然存在关于方法的无的放矢的言论。例如，在初读交流时，针对学生"对主题思想把握不准"和"文章前后联系不起来"的困惑，教师介绍的阅读和理解文章的方法是"宏观把握、微观推敲"。这些只是抽象的原则，并非可操作的具体方法。其实，即便它可以称为"方法"，也不是合适的教学时机——"宏观把握、微观推敲"是理解文本的一般性原则，这是学生初步学习阅读文章之时，教师就应该教给学生的。此时学生学习的这一篇课文已经是"文艺性随笔"了，都已经进入学习较特别的议论文的阶段了，"宏观把握、微观推敲"早已成了学生的阅读常识。这时候教师不应重申这一常识，而应根据学生情况，设想出怎样才能准确"把握"、怎样去严谨"推敲"的操作措施。

我们认为，把课型做纯，是解决阅读教学中很多问题的基本方式。

如果根据课型来定好位，明确中心任务，这堂课的知识与能力目标就会十分明确：根据学生初读（预习）课文后表现出来的学情——"文章的主题思想把握不准""文章前后联系不起来"，这堂课应着力于中心论点的把握和论述结构的分析。把本课的教学目标，确定为"通过对论证结构和论据作用的分析，实现对文章主旨（中心论点）的理解"，凡是与此目标不吻合的教学环节，一律删除。这样，就可以实现教学目标的"纯化"，使得教学活动聚焦，避免节外生枝，有利于帮助学生在某一教学点位上取得实质性突破。

（二）无视文本特质，浪费文本教学价值

这堂课教师耗费了大量的时间和精力在让学生明确文章的中心论点是什么（或弄清楚文章思路）这个主要问题上。在解决这一问题时，不仅运用了师生辩论、生生辩论等方式，而且运用了举例论证、归谬法等方法，教学气氛活跃，教学语言生动，教学思路清晰，在筛选中心论点时，提出了"把例子删掉"这样简单易行又符合学理的操作方法，在辩论到底哪个是中心论点时，不断强调"证据"和把握行文思路的整体性，这都是文本分析时非常可贵的优点。教师能够实现这样的教学设计与教学引导，与其对文本的理解能力紧密相关。

平心而论，尤老师在分析本文中心论点的整个过程中，都不乏见地，相当出彩。事实上，很多人都以为本文中心论点是"咬文嚼字，在表面上像只是斟酌文字的分量，在实际上就是调整思想和情感"；而我们完全赞同尤老师的分析结论，"在文学，无论阅读或写作，我们必须有一字不肯放松的谨严"，这才是本文的中心论点。

但是，必须注意到，这是一篇文艺学随笔（或文艺学论文）。理解这一点极为关键。

我们主张，阅读教学不能简单地把所有文章划分为几种基本类型，然后使教学模式化，程序化，搞"一刀切"。阅读教学必须充分考虑文本特质，关注"这一个"文本的独特的教学价值。作为一篇文艺学文章，它具有相对于普通的议论文的特殊性：讲的是语言艺术的问题，讲的是文艺学的道理。恰好是这种特殊性，使其有别于别的议论文。"咬文嚼字"本身就是一种极为重要的语文能力，本文中所列举的斟酌词句的例子包含着丰富的语文学习内容，是极佳的教学素材。分析、品评这些例子，是引导学生接近、理解文艺学的关键。这才是《咬文嚼字》这一文本真正的教学价值所在。

文艺学随笔固然是议论性的，作为议论文，抓住中心论点是什么或文章思路是什么来讲，似乎也无可厚非；但作为一篇论述文艺的文章，如果仅仅把它作为一般的议论文来教，实际上无视了该文本的特质。文艺学论文中所谈及的"文艺学"部分，是绝对不能忽视的。因此，尤老师的这堂课涉及一个重大的风险：这样的教学，贬低了教材文本的教学价值，使得这一文本在教材中失去了该有的意义。

文艺学论文，包含着丰富的语文学习的养料，文中举的那些"咬文嚼字"的例子——郭沫若剧本台词的改动、贾岛的"推敲"、苏东坡的"惠山烹小龙团"诗……都具有仔细玩味的价值——这正是引导学生领会文艺的契机，培养学生对汉语表达美感的理解力的能力生长点。正如朱光潜在本文中所说，"文学之所以为文学就在这一点生发上面"。一篇文艺学随笔，所论述的是文艺学的问题；把教学重点放在"中心论点""论证思路"上面，无助于促使学生深刻理解文艺学，可能也背离了教材本身的意图。

带领学生观察和分析作者朱光潜对这些事例是怎样分析的，这些分析对我们有怎样的启发，这些例子中的"咬文嚼字"究竟有何妙处，其中蕴含着怎样的文艺学道理，这些才是本课真正值得研究的、能切实提升学生的文学理解力的部分。然而很遗憾，对这些最有价值的、应该着重分析的地方，尤老师却未能着力。

教学中提供给学生的学习任务，是依托于相关的教学内容的。如果我们从教材中挖掘出来的教学内容存在问题，则可能导致学习任务贬值甚至失去价值。对此我们要倍加小心。

四、"咬文嚼字"实例分析

为了说明怎样的内容才是《咬文嚼字》有价值的教学内容，在此提供罗晓晖、冯胜兰《文本解读与阅读教学讲谈》（华东师范大学出版社，2018 年）一书中对朱光潜这篇文章中所举例子的分析。这本书对本文中所有例子均有分析，这里选取两个，供读者参阅。

（一）"你是什么"与"你这什么"：句型不同，情感迥异

郭沫若先生的剧本里婵娟骂宋玉说："你是没有骨气的文人！"排演时他自己在台下听，嫌这话不够味，想在"没有骨气的"下面加"无耻的"三个字。一位演员提醒他把"是"改为"这"，"你这没有骨气的文人"就够味了。他觉得这字改得很恰当，他研究这两种语法的强弱不同，以为"你是什么"只是单纯的叙述语，没有更多的意义，有时或许竟会落个"不是"；"你这什么"便是坚决的判断，而且还把必须有的附带语省略去了。根据这种见解，他把另一文里"你有革命家的风度"一句话改为"你这革命家的风度"。

"你是没有骨气的文人！"郭沫若感觉这个句子不够味，他

的感觉是对的。他想在"没有骨气的"下面加"无耻的"三个字，是企图用形容词来加强表达力量。这个思路是错误的，也是一般写作者容易犯的毛病。与动词相比，形容词其实是最缺乏力量的，因为它过于抽象。有的作家刻意避免形容词的使用。

在"没有骨气的"下面加"无耻的"三个字，不但无法加强表达力量，反而会造成语言的冗赘。既然"没有骨气"，当然也就近于"无耻"了。而且，"你是没有骨气的无耻的文人！"这样的句子长度增加了，作为剧本中表达强烈谴责的台词，对演员表演不利。更重要的是，句子长了，就不够简洁有力了。

这是炼字的好例，我们不妨借此把炼字的道理研究一番。那位演员把"是"改为"这"，确是改得好，不过郭先生如果记得《水浒》里的用语，就会明白一般民众骂人，都用"你这什么"式语法。石秀骂梁中书说："你这与奴才做奴才的奴才！"杨雄醉骂潘巧云说："你这贱人！你这淫妇！你这你这大虫口里倒涎！你这你这……"一口气就骂了六个"你这"。看这些实例，"你这什么"倒不仅是"坚决的判断"，而且是带有极端憎恶的惊叹语，表现着强烈的情感。"你是什么"便只是不带情感的判断，纵有情感也不能在文字本身上见出。不过它也不一定就是"单纯的叙述语，没有更多的含义"。《红楼梦》里茗烟骂金荣说："你是个好小子，出来动一动你茗大爷！"这里"你是"含有假定语气，也带"你不是"一点讥刺的意味，如果改成"你这好小子！"神情就完全不对了。由此可知"你这"式语法，并非在任何情形之下都比"你是"式语法来得更有力。其次，郭先生援例把"你有革命家的风度"，改为"你这革命家的风度"，似乎改得并不很妥。"你这"式语法大半表示深恶痛绝，在赞美时便不适宜。在"你这革命家的风度"中，"风度"便变成主词，和"你（的）"平行根本不成一句话。

朱光潜说"'你这'式语法大半表示深恶痛绝，在赞美时便不适宜"，其实是值得推敲的。有时候，在有的人表达喜爱之情的时候，你很可能听到"你这傻瓜""你这负心郎"之类的说法。

"你是什么"与"你这什么"的不同，我觉得首要在于句型的差异。"你是什么"是完整的判断句型，完全符合语法规范。由于这种普通句型的规范性，因此它平稳、妥当、理性，较难传达特殊的情绪。在"你"与"什么"之间，隔着一个表示判断的"是"字。而"你这什么"句式特殊，直接把"你"与"什么"不假思索地等同了起来。"不假思索"这个词在这里意外地准确，在"你是什么"这种句法中，"是"表示存在一个判断的思维动作。在"你这什么"之中，这个思维动作被取消了。"你这没有骨气的文人"一句中，"你"不假思索地等同于"没有骨气的文人"了，这个判断更多地是情感的而非理性的。

至于"你这革命家的风度"的说法，朱光潜分析得很对。

"你"="革命家的风度"，不合逻辑，谁都知道这样的等式是荒谬的。

（二）咀嚼"推""敲"：朱光潜之结论尚可"推敲"

有些人根本不了解文字和思想情感的密切关系，以为更改一两个字不过是要文字顺畅些或是漂亮些。其实更动了文字，就同时更动了思想情感，内容和形式是相随而变的。姑举一个人人皆知的实例。韩愈在月夜里听见贾岛吟诗，有"鸟宿池边树，僧推月下门"两句，劝他把"推"字改为"敲"字。这段文字因缘古今传为美谈，今人要把咬文嚼字的意思说得好听一点，都说"推敲"。古今人也都赞赏"敲"字比"推"字下得好。其实这不仅是文字上的分别，同时也是意境上的分别。"推"固然显得鲁莽一点，但是它表示孤僧步月归寺，门原来是他自己掩的，于今他"推"。他须自掩自推，足见寺里只有他孤零零的一个和尚。在这冷寂的场合，他有兴致出来步月，兴尽而返，独往独来，自在无碍。他也自有一副胸襟气度。"敲"就显得他拘礼些，也就显得寺里有人应门。他仿佛是乘月夜访友，他自己不甘寂寞，那寺里假如不是热闹场合，至少也有一些温暖的人情。比较起来，"敲"的空气没有"推"的那么冷寂。就上句"鸟宿池边树"看来，"推"似乎比"敲"要调和些。"推"可以无声，"敲"就不免剥啄有声，惊起了宿鸟，打破了岑寂，也似乎平添了搅扰。所以我很怀疑韩愈的修改是否真如古今所称赏的那么妥当。究竟哪一种意境是贾岛当时在心里玩索而要表现的，只有他自己知道。如果他想到"推"而下"敲"字，或是想到"敲"而下"推"字，我认为那是不可能的事。所以问题不在"推"字和"敲"字哪一个比较恰当，而在哪一种境界是他当时所要说的而且与全诗调和的。在文字上推敲，骨子里实在是在思想情感上的"推敲"。

单看朱光潜先生的分析，你会觉得他说得很对。但其实，朱先生这里是弄错了。我怀疑朱先生在写这篇文章的时候，忘了贾岛的原诗，至少他忘了查证贾岛的这首诗。贾岛这首诗很著名，叫作《题李凝幽居》。

闲居少邻并，草径入荒园。鸟宿池边树，僧敲月下门。
过桥分野色，移石动云根。暂去还来此，幽期不负言。

贾岛本人曾做过僧人，这首诗中的"僧"其实就是贾岛自己。全诗写的是作者走访友人李凝未遇这样一件寻常小事。

"鸟宿池边树，僧敲月下门"，是历来传诵的名句。"推敲"两字还有这样的故事：一天，贾岛骑在驴上，忽然得句"鸟宿池边树，僧敲月下门"，初拟用"推"字，又思改为"敲"字，在驴背上引手作推敲之势，不觉一头撞到京兆尹韩愈的仪仗队，随即被人押至韩愈面前。贾岛便将做诗得句下字未定的事情说了，韩愈不但没有责备他，反而立马思之良久，对贾岛说："作'敲'字佳矣。"随后，两人竟成为朋友。

韩愈思考良久，认为"敲"优于"推"，不是没有道理的。二人从此交友，亦可见贾岛本人对此相当认同。哪个字更好，可以讨论；我们的看法也是"敲"优于"推"。

第一，有人在月下敲门，发出一点声音，才会惊动宿鸟；当树上的鸟有了动静时，诗人才会知道树上有鸟在歇宿。而且在这种幽寂环境中传来几下敲门的剥啄声，才更使人感到格外幽寂。这同王籍的名句"蝉噪林愈静，鸟鸣山更幽"是同一道理，都是以声音衬托寂静。

第二，因为诗题是"题李凝幽居"，"僧"是贾岛自己，所以月下推门或敲门的是客人而非主人。若是主人，"推"是对的，因为他知道门没有上锁或关闭，只是虚掩；若是来客，当然就只能"敲"，因为他不知门是否关闭，而且推门而入过于唐突。

第三，朱先生说"推"可以无声，其实"推"更可能是有声的，而且如果"推"的力道比较大，这声音将可能比"敲"更雷人。

第四，"敲"字更能突出李凝居处的"幽"，能更好地突出隐居避人的隐士形象。在这一联诗句中，鸟儿已经归巢，而人还在"敲"门寻找，这就在果与未果之间形成张力。

第五，有的研究者提出，"敲"字在音节上更为响亮（周振甫）。

五、本课的其他问题

（一）读懂文章：宏观与微观应循环往复

从这节课的实录中可以看出，教师比较注重议论文阅读方法的传授。这节课在教师口中，有两处被称为"方法"。其中，开课不久，当学生提出对文章的结构难以把握的初读困惑后，尤老师是这样为学生传授读懂文章的方法的：

师：我们应当如何把握一篇文章？

（生沉默）

师：大家还记得老师给大家介绍的理解一篇文章的方法吗？

生：宏观把握，微观推敲。

师：首先应该对文章从宏观上进行把握，即把握文章的思路，初步领会文章的主旨，以"神"统领全文的阅读；然后再深入文章细节，进行细致的研读，我想这便是另一种角度的咬文嚼字。还有谁要说？

前文已经指出，尤老师口中的这个"宏观把握，微观推敲"的方法，其实只是一个方向，而方法必须是具体可操作的。遗憾的是，在日常的语文教学中，这种情况并不罕见。尽管学生对这种"方法"耳熟能详，但是在实际的分析过程中，仍然无从下手。

比如教师提出的"人物描写的方法"就有语言描写、动作描写、神态描写、外貌描写、心理活动描写等，其实，这样的分类只是描写的项目或范畴，根本不是描写方法。实施动作描写时的要领是什么？语言描写该如何操作？进一步思考这样的问题，真正的方法才会浮现出来。这才是应该教给学生的、有效解决学生作文问题的人物描写的方法。

再比如，有的教师总结出的概括记叙文主要内容的"方法"：人＋事＋怎样。这也不是方法。因为用这样的公式，不只是可以概括主要内容，也完全可以概括次要内容。既然存在主要内容，那就意味着存在次要内容，按照"人＋事＋怎样"这个公式，并不能区分出什么是主要内容，什么是次要内容。

回到本课，除了"宏观把握，微观推敲"算不上方法之外，尤老师对这一"方法"作出的诠释和运用也存在问题。尤老师的诠释是："首先应该对文章从宏观上进行把握，即把握文章的思路，初步领会文章的主旨，以'神'统领全文的阅读；然后再深入文章细节，进行细致的研读。"

首先，这种诠释是不恰当和不完整的。事实上，理解一篇文章，宏观思路的分析、微观细节的理解，是循环往复的，不是一次性完成的。我们认为，识别文本信息，理解局部文意—梳理宏观思路，初步确定主旨—回观微观细节，分析细节与主旨的关联性—分析宏观思路，最终确定主旨，是一般的分析理解环节。从微观到宏观，再从宏观到微观，最终实现能统合微观意义的宏观理解，是认识螺旋式上升的完整过程。

事实上，在对文本的自然理解的过程中，一开始就必然触及在意思上不能理解或知识积累不够丰富的地方，然后才触及整体性理解的障碍。这两个方面的问题的解决是循环往复的：解决前者，有助于解决后者；而当整体性理解的问题得到解决，反过来有可能加深对阅读之初意思上不能理解的细节的理解。大体说来，"宏观把握，微观推敲"，不应该是先"宏观把握"然后"微观推敲",而应该是从"微观理解"开始,到"宏观把握",再从"宏观把握"回到"微观推敲",最终完成对文本的精细、透彻、饱和的理解。

其次,本课中所谓"宏观"和"微观",前后两者在逻辑上是不对应的,是脱节的。"宏观"和"微观",本来是一组相对的概念——"宏观"指的是文本整体,"微观"指的是整体中(又与整体相互关联)的局部。从尤老师的实际操作来看,"宏观把握"在先,"微观推敲"在后,先对文章写作思路进行了梳理,通过理清论证思路确定了文章的中心论点。这是尤老师的"宏观把握"部分。

实际上,理清论证思路确定文章的中心论点,这一过程必然已经触及与"宏观"相对的"微观"层次。思路分析不可能不涉及分论点即中心论点的微观构成。然而,在接下来的环节,解决学生在意思上不能理解或知识上积累不够丰富的地方,这是尤老师所谓"微观推敲"的部分。很显然,这里的"微观"并不是指义意构造的层次,而是指文本中的一些疑难细节;这里的所谓"宏观"和"微观",并不是全文整体和局部层次之间的关系。"宏观"和"微观"成为不相对应的概念了。

（二）细节挖掘——言不及义的诠释

在课堂实录中,有学生提出,本课的重要特点是"文章举的例子很多,能帮助我们理解,例子举得挺有道理"。本文有着大量的事实论据。这些事实论据除了证明中心论点之外,还有什么更重要的作用？作者对每个例子的分析是如何让人觉得"挺有道理"的？这些都是宝贵的语文学习资源，是本文教学应该充分利用的材料。遗憾的是，尤老师不仅没有一一分析清楚，仅有的一处简短的分析，也暴露出明显的漏洞。我们认为，这和教师的学科素养有直接的联系。请看实录：

生：文中引用了苏轼的两句诗，整首诗呢？

师：苏轼的诗题目是"惠山谒钱道人烹小龙团登绝顶望太湖"，全诗如下："踏遍江南南岸山，逢山未免更留连。独携天上小团月，来试人间第二泉。石路萦回九龙脊，水光翻动五湖天。孙登无语空归去，半岭松声万壑传。"

（师板书这首诗）

师：1074 年 5 月，苏轼应好友蒋之奇、单锡等的邀请，畅游惠山及宜兴，他登上惠山极目远眺，湖光山色尽收眼底，心情倍感舒畅，随即挥毫写下这首诗。其中第二联"独携天上小团月，来试人间第二泉"最为有名。"小团月"是指北宋极为珍贵的贡茶"龙凤团茶"，分"大龙团"和"小龙团"。诗中人物所处的是月影朦胧环境，在山间泉水旁品茶，赏月，表现了诗人独处清静，安享自然、怡然自乐的情趣。

学生问到了整首诗的内容，老师于是补充出了整首诗，然后介绍写作背景，解释"小团月"的含义。朱光潜在文中说："由'独携小龙团，来试惠山泉'变成'独携天上小团月，来试人间第二泉'，这是点铁成金，文学之所以为文学就在这一点生发上面。"朱光潜为什么这样说，这是关节处，非常重要，但尤老师视而不见，避而远之。

就这一句诗，教师可以带领学生分析之处甚多，比如"小团月"比起"小龙团"意思的丰富在哪里？增加了"月"字，就增加了怎样的意思？增加了的"天上""人间"，又有何意味，可以含蓄地表现苏轼怎样的心境？为什么苏轼这样写就是"点铁成金"？如此，等等。这正是能够帮助学生更深刻地理解文学表达的有价值的问题，然而，尤老师不仅没有去挖掘这些值得细细推敲的细节内容，反而作出一个空泛肤浅的结论——"表现了诗人独处清静，安享自然、怡然自乐的情趣"。有兴趣的读者可以参见《文本解读与阅读教学讲谈》一书，我们对此有细致的分析。

六、小结

纵观本课，对中心论点的分析，显示出尤老师在一般议论文教学方面，具有扎实的功底。这部分所表现出来的理性分析的意识与能力，是不少语文教师无法企及的，值得学习。

这堂课给我们最大的思考，是如何根据文本特质来确定文本的教学价值。应该说，简单地依据文体来设计和实施教学，这种模式很普遍，因此，尤老师在此方面随顺大众，这也是可以理解的。然而必须指出，这种教学设计，必然会使得教学材料降低其效能，也会导致教学趋于雷同，不利于语文学习。阅读教学的出发点，是文本与学情。结合本课例来说，关注文本，就是要关注文本特质，关注"这一篇"相较于其他篇目的特性，它独特的、不可替代的教学价值何在；关注学情，在这里，就是要关注学生的学科发展需求，关注"这一篇"相较于其他篇目究竟对学生的语文发展有何特殊的利益。"教材无非是一个例子"，但它是一个特定的例子，它有自身不可替代的学科教学功能。这是值得我们深思的。

诗词教学课例批注与评析

一、程红兵《雨霖铃》教学实录批注 [①]

【教学目的】

（1）通过学习宋代婉约派代表词人柳永的作品《雨霖铃》，使学生对宋词有进一步的了解。

（2）在诵读、赏析的同时，把握词作的景与情，运用联想和想象探究词的意境，并体会婉约词的风格特色。

【批注】

（1）"进一步的了解"是指什么？教学目标的定位，应该清晰；相应的，对目标的描述，应该清晰。

"进一步"了解什么？柳永的主要贡献是慢词，他拉长了词体的篇幅，扩大了词的表现空间。本词就是柳永慢词的重要作品，如果所介绍的是关于慢词的特点，则此目标尚属合理；如果仅仅是泛泛而谈柳永词的婉约风格，则此目标就不合理，因为从五代以来婉约一直是词体的基本风格。这就很难说这样的了解是"进一步"的。

从中学生的实际情况来看，对宋词缺乏基本的了解，是相

---

① 本课例的课堂实录来自《程红兵讲语文》一书，语文出版社，2008 年版。

当普遍的现象。能通过《雨霖铃》的学习，对宋词多一点点了解，管中窥豹以见一斑，已经是难得的事了。事实上，仅仅学习《雨霖铃》一首词，要实现对柳永的"进一步了解"是不可能的。因此，这样的教学目标设置，未免过于宏大，过于理想化了。

（2）"运用联想和想象探究词的意境"，这个说法是错误的。"联想和想象"可以帮助欣赏者依托语言和意象实现对画面、情境的个性化描述，但它不能构成"探究"的手段。探究是一个思考的过程，只能是分析的、理性的。诗歌的意境是依托于意象组合的，对意境的把握须通过对意象及意象间关系的分析来达成。

"探究词的意境，并体会婉约词的风格特色"，这样的描述也是不妥帖的。婉约风格特色，是与意象选择的阴柔倾向、情感表现的婉转柔美倾向直接相关的，而不是建立在探究"意境"的基础上。"把握词作的景与情"才是体会婉约风格的基础，因而这里的表述是脱节的。

我们认为，"体会婉约词的风格特色"，不应作为本课的目标。这是因为同属婉约风格的词作，柳永、李清照等不同的词人，其婉约的表现并不完全一样。那么柳永这首词的婉约，并不能代表全部婉约词的风格特色；就算只说柳永的婉约，一首《雨霖铃》也不足以说明问题，只有通过对至少一组柳永词的婉约风格的表现特征的分析，才能梳理出柳永的婉约特点。

讲一首《雨霖铃》，就想借此"进一步的了解宋词""体会婉约词的风格"，这是一个奢望。如果在学生学习了足够多的宋词和相当数量的婉约词之后，再来确立这样的目标，才是合理的。《雨霖铃》只是一个单一文本，阅读教学应该集中精力对此文本进行有效的分析，先把这一文本吃透再说。提出如此宏大的目标，这样的目标不但不能实现，也会干扰学生对这一文本的分析理解。

【教学过程】

（教师：程红兵；每课一诗：徐晓燕；课文主持：李佳梁。）

（1）每课一诗，由徐晓燕同学介绍宋代词人晏殊的作品《蝶恋花》。教师稍加点拨，要求同学们熟读成诵。

（2）"焦点访谈"点评，由倪舒含同学点评前一天的节目"心比花红"。教师稍加总结，同时提出自己对此节目的一些想法。（略）

（3）《雨霖铃》教学。

师：今天我们要学习的是一首宋词。下面，就请这篇课文的主持人李佳梁同学（下简称"主"）开始主持。

主：老师们，同学们，大家早上好。很高兴我能有这样一个机会，和大家一起学习接下来的这篇课文。刚才，徐晓燕同学给大家介绍了宋代词人晏殊脍炙人口的名作《蝶恋花》，下面我们要学的同样是一首千古流传的好词。说到词，它究竟是怎样一种诗体呢？请大家看投影。

（投影显示）词，是诗歌的一种。古代的词，都合乐歌唱，故唐、五代时多称为曲、杂曲或曲子词。词体萌芽于隋唐之际，与燕乐的盛行有关（一说萌芽于南朝），形成于唐代，盛行于宋代。句子长短不一，故也称长短句。另有诗余（馀）、乐府、琴趣、乐章等别称。宋词是我国文学史上的又一座高峰。宋词习惯上分为婉约和豪放两派：婉约派以写闺情、离绪为主，代表作家有柳永、李清照等；豪放派扩大了词的题材，社会生活的种种感受皆可入词，代表作家有苏轼、辛弃疾等。

主：我们知道，宋词与唐诗一样，是我国文学史上的一朵奇葩。后人习惯上把宋词分为婉约和豪放这风格迥异的两派，后者往往大气磅礴，飘逸洒脱，而前者则以清丽柔婉见长。值得指出的是，这种划分是针对作家创作风格的主要倾向而言的，并不绝对。历史上的许多词人就既有豪放的词作，亦不乏婉约的作品。比如苏轼，我们对他的"大江东去"相当熟悉，但他的作品中也有"十年生死两茫茫，不思量，自难忘"的词句。这是我们要在鉴赏过程中注意的一点。今天学习的这首词的作者是婉约派的代表人物柳永。

（投影显示）柳永（约987—约1053），北宋词人。原名三变，字景庄。后改名永，字耆卿。排行第七，崇安（今属福建）人。景祐进士。官屯田员外郎。世称柳七、柳屯田。为人放荡不羁，终生潦倒。其词多描绘城市风光和歌妓生活，尤长于抒写羁旅行役之情。创作很多慢词，铺叙刻画，情景交融，语言通俗，音律谐婉。在当时流传很广，对宋词的发展有一定影响。《雨霖铃》《八声甘州》《望海潮》等颇有名，但作品中时有颓废思想和庸俗情趣。诗仅存数首，《煮海歌》描写盐民贫苦生活，甚痛切。著有《乐章集》。

主：北宋词人柳永，字耆卿，原名三变。在家中排行第七，所以后世也有人称他为"柳七"。后来他官至屯田员外郎，故也被称作"柳屯田"。柳永年轻时到汴京应试，常常和歌妓们一起生活，为人狂放不羁。当时的皇帝宋仁宗听说柳永这个人之后，说："此人任从风前月下浅斟低唱，岂可令仕宦！"所以柳永落第了。到了景祐元年，也就是柳永47岁左右，他才进士及第。柳永终生潦倒，据说在他死后，家中没有多余的钱来安葬他，只能由几个歌妓一起出钱将其葬在了南门外。柳永的词作音律谐婉，词意妥帖，多描绘城市风光和歌妓生活，尤其擅长抒写羁旅行役之情。词作中铺叙刻画，情景交融，语言通俗，在当时流传很广，对宋词的发展也有一定的影响。后人对柳词的评价也较高。宋翔凤在《乐府余论》中提到："柳词曲折委婉，而中具浑沦之气，虽多俚语，而高处足冠群流，倚声家当尸而祝之。如竹垞所录，皆精金粹玉。以屯田一生精力在是，不似东坡辈以馀事为之也。"又如刘熙载的《艺概》中说道："耆卿词细密而妥溜，明白而家常，善于叙事，有过前人，惟绮罗香泽之态，所在多有，故觉风期未上耳。"但在他的一些作品中，时有颓废思想和庸俗情趣，这是我们应当剔除的。

【批注】

上述环节基本上属于学生对教师日常教学的模仿，一学习新的课文，就先来一番"知人论世"，搞一个作家作品介绍、时代背景介绍再说。

这样做，其实是有很多问题的。

第一，关于词体的知识性介绍，在这节课上是缺乏充分的理由来支持的。

首先，学生并非初次接触词这一种诗歌体裁，这就意味着，此前的教学中，学生应该已经了解到了关于词的体裁知识，如果是这样，在这里就属于多余。如果是定位于"温故知新"，那就不宜由教师或主持人来生硬地通过投影显示出来，而应该由学生来回忆相关知识。

其次，这样的知识介绍，一般来自文学史，对于学生而言非常抽象，固然可以识记，却是属于很难诉诸自我理解的知识。对这样的知识，学生们往往是"无感"的，与其拿到课堂上来展示，还不如直接印发给学生让他们自己去记忆。

关于柳永的介绍，也是一样。通过投影显示的对柳永的介绍，并不能够使得学生了解到一个有血有肉的柳永——这样的介绍，过于浮泛而抽象。学生们对此必然也是"无感"的。

依据常识我们即可得知：从教学效果看，如果多数学生并不了解宋词和柳永，那么这样的介绍并不足以给他们留下充分的印象；如果多数学生已经了解了相关知识，那么这样的介绍就是不必要的。如果语文教师们仍然坚持学习新课文之前一定要来一场文学史的知识灌输，那就需对此再三斟酌。

第二，关于柳永的知识性介绍，对于学生阅读、理解《雨霖铃》这一文本，并无助益。

了解这些一般的、浮泛的文学史知识，对于理解《雨霖铃》"这一个"文本，并无作用。关于宋词、关于柳永、关于婉约的这些文学史知识，对于所有柳永的词作文本，都是一样的，公共的，《雨霖铃》"这一个"文本的内容是什么，个性是什么，无法通过这些知识得到有效的解释。

第三，从文本学习的角度看，这不符合认知的逻辑顺序，学生应该通过文本来体会婉约词的特点，通过文本来体会柳永的情感特征和心理世界，而不应该用这些从文学史资料上搬运过来的知识，去刻意制造一个抽象的作为文体风格的"婉约"概念。

（投影显示：雨霖铃　宋·柳永）

主：下面要学习的《雨霖铃》这首词，可以说是柳永婉约风格的集中体现。《雨霖铃》这一词调，本来是唐代教坊大曲，一作"雨淋铃"。相传唐玄宗入蜀，到了斜口的时候，霖雨连日。他经过秦岭栈道，耳闻铃声，勾起了往事，于是创作此曲，悼念杨贵妃，寄托哀思。大家可以想见这一词调悲怆低回、凄楚欲绝的情味。而当时的柳永由于仕途失意，心情十分压抑，决定离开京城到外地去。但一想到从此将不能与心爱的人生活在一起，失去爱的慰藉，更是觉得痛苦万状。这首词就反映了柳永当时的这种复杂心情。下面请大家听一听课文的录音。

（播放课文录音并显示《雨霖铃》全文）

主：从刚才的录音朗读中，不难发现这首词的基调格外低沉。作者运用了"切""歇""噎""阔""别""月""设""说"等十个入声韵，不押韵的地方也多以仄声来收句，如"绪""处"。大家都能感觉到，入声字短促急迫，容易传达悲切痛楚的情绪，加上又用了双声的齿音，如"凄切"，令人想象那种抽泣哽咽之声。由于充分发挥了词的音乐性能，作品形象的凄美和声音凄凉相统一，增强了艺术效果。此外，我们在朗读的时候还应注意保持乐句的完整性。下面就请大家一起朗读《雨霖铃》。

【批注】

主持人仍然依据书本上搬运过来的抽象知识解说本词的音韵。在现代汉语普通话中，已不存在入声，这种解说无法在学生朗读的时候得到落实（他们仍然用普通话发音来朗读）。

本词"基调格外低沉"，并不完全是声韵达成的效果，这种基调主要是由词中的景象、经历，以及联想与想象等心理活动等决定的，而不只是声韵的处理。在这首词中，基调的低沉，是来自本词中所呈现的感伤的离别情景以及对离别之后的孤独状态的描摹，来自"多情自古伤离别""便纵有千种风情，更与何人说"等语句的直接煽情。岳飞那首著名的《满江红》，也是押入声韵，但情感基调是慷慨激昂的，而并不是"格外低沉"的。只要我们想到这一点，就不会讲出这样不严谨的话了。

（主持人领读时不看书）

主：好的诗词，要多读多背。在诵读的过程中，推敲字、词、句的意思，体会作者在作品中所要表达的感情，这是十分重要的。有句话说"书读百遍，其义自见"，很有道理。所以，下面我给大家4分钟时间，熟读这首词，并在此基础上，争取把它背出来。4分钟以后，我要以小组为单位，检验大家背诵的效果。同时也可以比较一下，哪个小组中的成员强记的本领最强。大家现在可以开始背诵了。

（大家各自轻声朗读，边读边背。）

主：好，时间到。让我们先从第一小组开始，前一位同学在背诵时发生"卡壳"或错背，就请坐下，由下一位同学接着背。我们一起来看一看，哪一组用最少的同学完成《雨霖铃》的背诵。

（隐去投影幕上的全文显示，四个小组依次背诵。）

主：从刚才各小组的背诵情况来看，大家都用心去读了、背了这首词。《雨霖铃》的字面意思并不复杂，课文的注解也比较详细，应该说大家在字面上的理解不会有太大的问题。接下来的几分钟时间，留给大家提问，不管是字面上的，还是诗作理解上的疑惑，都可以举手发问，我们一起来讨论解决。

【批注】

以上是背诵环节。从课型的角度看，这应该归属于预习和语言知识学习课。学生在预习过程中，自主解决字面理解（语言基础知识）问题，做批注（写出思考，提出疑难）。诗词篇幅短小，且有背诵要求，那么在预习阶段完成背诵，是完全合理的。通过背诵，可以熟悉课文文本，为文本的解读和鉴赏铺路。

教学必须从学情出发，布置任何任务，都务必充分考虑学生的实际程度。如果没有预习课作基础，在课堂上要求学生"4分钟时间，熟读这首词，并在此基础上，争取把它背出来"，这是强人所难。在4分钟时间内，难以达到熟读的要求，更何况背诵。

应该指出的是，背诵是作为个体的每个学生都应完成的任务，这是他人无法替代的任务，不宜以"接力"的方式合作完成。

（投影显示词作全文）

生一：主持人刚才说，柳永是宋代词人中婉约派的代表人物，其词作多曲折委婉。《雨霖铃》中有"念去去，千里烟波，暮霭沉沉楚天阔"一句，我觉得此句应当出现在豪放派的词作当中，而现在出现在婉约派词人的代表作之中，是否有些矛盾呢？

主：我认为这句话在整首词中并不矛盾。它表现了作者在离开京城、离开心爱的人之前，对今后的前途感到茫然，楚天辽阔却不知路在何方的内心感受，抒发了一种凄婉哀怨的情感——这是理由之一。第二，在介绍宋词时，我提到过豪放派和婉约派的划分不是绝对的，同一个词人既可以有婉约的作品，也可以有豪放的作品，所以即使这句话被视为"豪放"，也并没有产生矛盾。

师：我再补充一下：我们现在所说的"豪放"也好，"婉约"也罢，都是后人评论的——是后人加上去的。这些词人可没有承认过自己是属于哪一派的，更没有想到自己今后会被归为某一个派系，他们完全是按照自己的意愿进行创作的。所以我们在鉴赏宋词时，需要体会和比较这两种不同的风格，没有必要拘泥于风格的划分，作一个非此即彼的判断。

【批注】

"'念去去，千里烟波，暮霭沉沉楚天阔'一句，我觉得此句应当出现在豪放派的词作当中，而现在出现在婉约派词人的代表作之中，是否有些矛盾呢？"

学生提出这一问题，是经过思考提出来的，是一个有价值的提问。这是教师点拨介入的时刻。教师此时及时介入，这是值得赞扬的。但教师仅仅说"豪放"和"婉约"是后人的评论，是后人加上去的，"没有必要拘泥于风格的划分"，这样的回答等于没有回答，实际上回避了学生的问题。

"豪放"本指词的表现范围的扩大，使得词体脱离偏重女性的题材的拘束，词体由传统的、女性化的诗歌形式，变得也能容纳传统诗体中较为男性化的内容。提出这一问题的学生，误以为"豪放"就是大词大句，就是宏大的景象，"婉约"就是柔和细致，就是细小的景物。"念去去，千里烟波，暮霭沉沉楚天阔"，看似阔大，实为茫然，在此当然不是"豪放"的。

学生的这个问题，实质上是在问，"念去去，千里烟波，暮霭沉沉楚天阔"这一句与整首词的风格是否一致。其实，从意象的关联、情感的内涵等角度分析，不难得出前后风格一致的结论。

这里实际上涉及阅读教学中教师的学养问题。教师学科功底不足，对文本理解不透彻，就很难有效"解惑"。

生二："都门帐饮无绪，留恋处兰舟催发"这句话什么意思？作者写这句话，有什么用意？

主："都门帐饮"意思是在京城门外设帐饯别，"无绪"指心情不好，"兰舟"就是木兰木造的船。整句话可以这样理解：在京城门外设帐饯行，诗人和他的爱人彼此的心里都不好受，就在两人依依不舍、相互留恋的时候，船夫却不停地催促诗人赶快出发。我们不妨想象一下这样的情景：好友在机场送你，两人"执手相看泪眼"、相视无语、难舍难分的时候，机场的广播里滚动传出你乘坐的那个航班马上就要起飞的信息，此时你也许会希望时间就在这一瞬间停下脚步，作者当时的体会与你的这种感受应当是相同的。

生三：这首词的开头有"对长亭晚"一句，由此我们可以知道诗人是在晚间乘船离开京城的。但据我所知，限于古代航行技术的落后，晚上一般不会开船。作者在这里是不是故意说成"晚"呢？

主：在古代晚间不能开船吗？这我没有听说过。你认为这里作者有意把离别的时间定在晚上，这倒不见得。就我看来，两人相对而坐，畅饮饯行，一直到日落西山，只好在夜间出发，这也是顺理成章的嘛。

生四：我记得在白居易的《琵琶行》中有"浔阳江头夜送客"一句，可见在晚上开船并不足为奇。

师：能够联系以前学过的课文和知识，并灵活加以运用，这很好。

主：读完全词之后，相信大家一定感受良多。词中也一定有一两句相当精彩的句子，给你留下了很深的印象。下面就请大家说说自己觉得写得最美的句子，并且一起来讨论为什么这句话会给人这样的感觉。

生五：我最喜欢的一句是"念去去，千里烟波，暮霭沉沉楚天阔"。"千里烟波"让人联想到烟波缥缈的江面，想到江面上的一叶孤舟；黄昏已过，暮色沉沉，诗人正像在黑暗中前行，前途不定，空有望不到边际的辽阔楚天，却不知道下一步该走向哪里。诗人的这种忧伤、无望、彷徨的复杂心情，跃然纸上。

生六：我印象最深刻的是"执手相看泪眼，竟无语凝噎"。首先，我认为这句话生动地刻画了离别时两人恋恋不舍的情态，很是传神。另外，作者在这里"无语凝噎"的描写极能打动人。试想，在这样一个离别的时刻，"无语"明显要比互道珍重的效果好得多。白居易有"此时无声胜有声"，苏轼有"相顾无言，惟有泪千行"，和这一句有异曲同工之妙。

生七：我觉得全词的第一句"寒蝉凄切，对长亭晚，骤雨初歇"很有味道。一个"寒"字点出了送别的季节，凄切的蝉鸣使人想到离人的哽咽；长亭长久以来被视作离别的象征，作者一开篇就勾起了读者阵阵离愁；骤雨初歇交代了送别时的天气，烘托出深秋的寒意，也为后一句的"兰舟催发"作铺垫。全句之中，"凄切"一词是关键，也是整首词的重点所在，为全词奠定了悲凉的基调。

主：前面几位同学提到的，我都颇有同感。我个人以为，"今宵酒醒何处？杨柳岸晓风残月"这句十分精彩。我们知道，举杯的目的在于浇愁，而结果往往却只能是愁更愁。无论今宵酒醒何处，离愁总是有的。如果睁开眼睛，只是佳人不在身旁，倒也罢了。但诗人睁开眼，却偏偏目睹勾人离愁之物——深秋的晨风寒气逼人，给人透骨的寒意，使得整个环境更显凄楚；而这晓风中飘动的柳枝，让人想起朋友间相互赠别时的折柳相送；空中的一轮残月，更是叫人想到苏轼在《水调歌头》中的名句"人有悲欢离合，月有阴晴圆缺，此事古难全"，陷入一种人世聚散离合的深深感叹之中。此刻，诗人的离愁之感可谓是达到了顶点。两情恩爱的凄凉回味，创造出《雨霖铃》这首词"凄美清丽"的境界和美感。一叶孤舟，夹岸杨柳，天边残月，这样的一幅画面，布置萧疏错落，显现出烟水凄迷的阴柔之美，淋漓尽致地体现出柳永词作婉约的风格特色。清初的著名诗人王士祯有诗云："江乡春事最堪怜，寒食清明欲禁烟。残月晓风仙掌路，何人为吊柳屯田？"由于柳永的墓地在真州城西的仙人掌，所以诗中有"仙掌路"三字；而"残月晓风"则说明《雨霖铃》、"杨柳岸晓风残月"和词人的名字已经难以分拆了。下面让我们站在鉴赏的角度，再将《雨霖铃》齐读一遍，注意要把作者的感情融入其中。

（大家朗读课文）

【批注】

　　以上是散点式的理解分析。亦即在文本中找出若干点位，进行理解和分析。但是，散点式分析，缺乏对文本整体思路的把握，缺乏整体感，缺乏着眼于整个文本结构的整体性诠释。因而，无论多么精彩的散点式分析，对文本理解都是不充分的，这首词中，具有叙述的时间先后，具有景象的依次展开，具有由别时的"实景"到想象中的"虚景"的宏观走向。而这些极其重要的内容，完全被忽略了。

　　通过一些句子的体会和解读，学生对文本获得的是支离破碎的、非结构化的理解。这是很不充分的。而这在古典诗歌教学中是常见的现象。抓住一些意象来讲诗意，抓住一些个别字眼来品析语言，而无视前后意象之间的关联，无视诗句之间的联结关系——这种"有句而无篇"的教学，使得学生难以形成整体把握文本的能力，导致学生读不懂文本。

　　主：通过刚才的再次朗读，相信大家对《雨霖铃》这首词多了一份体会。词，无论是虚写、实写，总离不开写景、写情。景是"清秋节"，情是"伤离别"，以清秋之萧瑟，写离别之凄恻，即景抒情，融情于景，臻于情景交融的化境。这首《雨霖铃》，乃是写景、抒情与叙事的统一，并寓含着说理成分。词人于离别的场面、进程的展示中进行写景、抒情，笔下自是由眼中景包罗了景中人、人中事、事中情、情中理。作者别开生面地写景、写情，是柳永在词的艺术表现上的杰出创造。正如清代词人冯煦在《宋六十一家词选·例言》中所说："耆卿词曲处能直，密处能疏，傲处能平，状难状之景，达难达之情，而出之以自然，自是北宋巨手。"《雨霖铃》这首词的题材不是很新颖，但在爱情描写上，不仅深挚而且直率大胆，有市民文学的情味，所以能受到普通市民的欢迎。另一方面，又与某些过于浅露、俚俗语较多的柳词有所区别，因而也能为上层文士所接受。柳永继承前人善写悲秋和伤别之情的语言艺术，没有因袭宋玉《九辩》和江淹《别赋》中的词句，却将"悲哉秋之为气也""黯然销魂者，唯别而已矣"的精神融进词内，所以此词又有文人辞赋的某些特色。全词语言清新，节奏鲜明，音韵和谐，很适合于歌唱。在句法上，词人也有创造。在柳永之前的词人作品中，沿用近体诗常见句式者甚多，这首词上一下三、上一下四的地方读起来与近体诗有全然不同的感受，如"留恋处""竟无语凝噎"，词的味道很浓，凄断之音很重。由于时间关系，我对《雨霖铃》的介绍，大致就到此为止，大家还有什么问题，欢迎课后一起讨论。

师：感谢李佳梁同学的主持，请大家课后完成《雨霖铃》的背诵。今天的课就上到这里，下课！

【批注】

主持人的这段鉴赏，十分抽象，看起来也是从鉴赏资料上搬运过来的。如果对文本没有整体的、充分的理解，我相信多数学生不太明白主持人在讲些什么。最后搬出冯煦在《宋六十一家词选·例言》中所说的话，估计学生也比较难懂。生硬地搬运过来，缺乏自己的消化和理解，主持人和教师甚至都有可能不知道自己在说些什么。

针对这段赏析和总结，至少可以提出以下几个问题：

（1）你既然提及"虚写、实写"，那么什么是"虚写、实写"？这首词中，哪些部分是"实写"，哪些部分是"虚写"？"虚写"和"实写"如何界定和区分？

（2）你说这首词"即景抒情，融情于景，臻于情景交融的化境"，这如何理解？"即景抒情"和"融情于景"的联系与区别是什么？什么是"化境"？为什么说这首词"即景抒情，融情于景"，就能"臻于情景交融的化境"？

（3）你说"作者别开生面地写景、写情，是柳永在词的艺术表现上的杰出创造"，那么本词写景抒情的"别开生面"体现在哪些地方？

（4）冯煦说柳永词"曲处能直，密处能疏，傲处能平"，这个特点在《雨霖铃》一词中是怎么体现的？主持人或教师能够解释一下吗？

（5）你说这首词"又与某些过于浅露、俚俗语较多的柳词有所区别"，那么能否举出至少一例，来印证柳词的"过于浅露、俚俗语较多"？

（6）你说"此词又有文人辞赋的某些特色"，那么，究竟是哪些特色？这真的是"文人辞赋"的特色吗？

这位主持人显然是做了备课工作的，从其一系列发言即可看出。但备课的方式，和许多语文教师一样，就是搜罗一些参考资料，而并无对文本的深入研究。于是，课堂上就出现了像这样的"结论性话语"，教者自己不懂，或似懂非懂，当然更无法让学生懂。以其昏昏，绝不可能使人昭昭。

【课后反思】

这堂课是我承担的教育部特级教师专项计划"自主探究性语文教学模式"课题研究当中的一个重要课例，课题重在研究建构一系列的课堂教学模式，实现从教到最后不教的动态发展过程。这堂课就是教师把课堂还给学生，由学生来主持课堂教学，不能说完全实现"不教"，但学生的确站在课堂中心，成了语文学习主体、语文课堂主角，而且从实际情况看，学生主持人对课堂的把握和驾驭应该说是令人满意的，我觉得更重要的不在这里，而在于学生参与了语文课堂教学的整个过程，他的体验和收获是全方位的，超越了我们传统的教师占据课堂主角的形式。当然这种方式并不是教师自我放逐，教师的作用退居幕后，主要在课前和课后。课前，在学生准备的过程中给学生以切实的指导，课后，给学生以具体的点评和辅导。

【批注】

让学生做主持人，让学生展开充分的活动，立意是好的。

根据程老师的说法，主持人替代了教师，让学生自主探究。

课前，学生主持人在备课过程中和老师共同探讨许多问题，有关课文内容的、有关课文教法的，老师都给予了细心的指点，那么，这堂课就代表了教师本人的想法，学生主持人是教师的代言者。

教师在这堂课的实际进程中，基本上是无所作为，并没有起到更好的主导作用。"教师的主体作用减少了，顺应了由保姆式到师父式，再到导师式的变化"，在这堂课中，"师父""导师"的角色是如何表现的呢？我们看到，在整个教学过程中，教师除了几次插话，基本上无所作为。那么，学生主持人在课堂上起到了"教"的作用吗？在引导、点拨学生群体方面发挥了多大的作用？我们实在是看不出来。这堂课实现了"教是为了不教"？这堂课根本就没有"教"。

应该承认，学生主持人担负了本该由教师担负的课堂教学任务，需要做上课的准备工作，因此经历了较为充分的学习，体验了做老师的滋味，对《雨霖铃》这一篇的收获应该是较多的。但是，在课堂上的多数学生，所得极为有限。由学生主持人来主持课堂教学，相较于真正的教师的教学，绝大部分学生的收获要少得多，因此这样的教学损害了多数学生的学习利益。我们认为，这样的教学是失败的。当然，作为教学中的探索，我们要能容忍这种失败。

二、肖培东《诗词五首》之《饮酒》《春望》①评析

（一）肖培东：《"望""见"诗心》

"望""见"诗心
——我教《饮酒》《春望》

《诗词五首》中的前两首是晋陶渊明的《饮酒》和唐杜甫的《春望》，都是传诵千古的名作。

我读了数遍，打算先《春望》再《饮酒》。我把我的这一想法发在朋友圈："两首古诗《饮酒》《春望》合教，我想先教《春望》再教《饮酒》，这是为什么？你们说说看！"很快，微信朋友圈里传来了各种答案。

有说"杜'入'陶'出'"。

有说"季节。春？秋？"。

有说"由痛彻心扉到平静淡定，从什么都背着到一切放下，不痛不悟非人生"。

有说"由浓归于淡远"。

有说"从望到饮"。

有说"饮酒是更高的生活状态"。

有说"有我到无我"。

有说"战争之后就是和平盛世"。

---

① 本实录选自肖培东新浪博客"我们的语文"，2017 年 11 月 17 日。

有说"先沉重后轻松"。

有说"春花落泪到秋菊怡情"。

有说"格律诗到古体诗"。

……

微信朋友圈真是个神奇的东西，一下子帮我汇集了许多文本的探究。朋友们其实在帮我做解读，他们都很聪明！可我没他们想得那么深远，初二的孩子，该教到哪个程度，我得想想。

我的初步构思是"望——见——诗心"！

《春望》之"望"，《饮酒》"悠然见南山"之"见"，寻找诗人的心。所以，叫作"望见诗心"。这个题目，你们喜欢吗？

《春望》之"望"。

第一步，读诗歌，掌握情感基调。

第二步，"春望"，即望春，诗人"望"到了什么？

"国破山河在，城春草木深。"开篇即写春望所见：国都沦陷，城池残破，虽然山河依旧，可是乱草遍地，林木苍苍。"感时花溅泪，恨别鸟惊心。"这两句一般解释是，花鸟本为娱人之物，但因感时恨别，却使诗人见了反而堕泪惊心。另一种解释为，以花鸟拟人，感时伤别，花也溅泪，鸟亦惊心。两说虽有别，其精神却能相通，一则触景生情，一则移情于物，正见好诗含蕴之丰富。诗的这前四句，都统在"望"字中。诗人俯仰瞻视，视线由近而远，又由远而近，视野从城到山河，再由满城到花鸟。感情则由隐而显，由弱而强，步步推进。

第三步，追问"一字传神"。这四望中，哪个字写得最传神？

"国破山河在，城春草木深"中"破"字使人触目惊心，"深"字令人满目凄凉。"感时花溅泪，恨别鸟惊心"中"溅""惊"体现了诗歌语言的动态美，寄托了诗人强烈的情感。（允许学生有多种说法，感受杜甫的语言艺术，但不要刻意挖掘。）

第四步，望亲人。

在景与情的变化中，仿佛可见诗人由翘首望景，逐步地转入了低头沉思，自然地过渡到后半部分——想望亲人。

以"烽火"承接"感时"，"家书"承接"恨别"，而亲人的"别"，正是由于战乱的"时"造成的。战事持续很久，以致家里音信全无，最后写到自己的哀怨和衰老，环环相生、层层递进，创造了一个能够引发人们共鸣、深思的境界。

诗的最后两句堪称神来之笔。寥寥十字，使一位愁绪满怀的白发老人的形象兀立在读者眼前。作者望春，并没有得到任何快慰，却为"感时""恨别"所困，终至烦躁不安，频频抓挠头发。尽管诗人这时才四十五岁，但因终日愁情熬煎，头发愈来愈少，简直连簪子也插不上了。从章法上看，这一联是把前面分别抒写的"感时""恨别"两种感情统一起来，收结全篇。作者选用搔发这一意识动作把满腔的愁情变成了可见可感的生动形象，很自然地引导读者进入诗的意境，产生共鸣。

第五步，全诗无"望"处处写"望"，全诗有"春"处处无"春"。你望到怎样的一颗心？

——形象和主旨探讨，点到为止。爱国，和平，忧国忧民，感时伤怀。

第六步，读古体诗《饮酒》，里面有一个字似乎可以换成"望"字，你觉得是哪个字？

——"悠然见南山"的"见"。请问，能换成"望"字吗？

"采菊东篱下，悠然见南山"，表达了诗人悠然自得、寄情山水的情怀。这"见"，居心于有意无意之间的一瞥，反射出诗人超脱冥邈、神逸方外的悠闲心情。还有一种版本将"见"字写作"望"字，苏东坡认为如果是"望"字，这诗就变得兴味索然，因为"望"属于有意识地注视，缺乏"悠然"的情味。而"悠然见南山"就好似在一种无意识之中，南山撞入了自己的眼帘。（不刻意求深，有所感知就可以。）

那么，你又"见"到怎样的诗人？怎样的心？

以此打开这首诗的研读，理解诗人。这种偶然的情趣，偶然无心的情与景会，正是诗人生命自我敞亮之时其空明无碍的本真之境的无意识投射。大隐隐于市，真正宁静的心境，不是自然造就的，而是你自己的心境的外化。诗人在物我两忘和同构中领悟到了一种"忘言"的"真意"。这首诗既抒发了归隐生活的悠闲恬静的欣悦，又蕴含着诗人对宇宙人生超然境界的向往和憧憬。整首诗无不是景中含情，情中见理，余音绕梁，回味悠长。

这里的好些解读，给教师自己参考。课堂上决不能求深刻如此，重在感悟归隐生活的悠闲恬静的欣悦。

所以，这堂课——望见诗心！

（二）对肖文之评析：你真的望见了诗心吗？

《"望""见"诗心》一文，记录了肖培东老师执教前后的思考，我们认为是一份比较有价值的资料。备课阶段的集思广益，教学设计的层层推进，授课过程的文本分析，都有可观者，表现出一位特级教师应有的敬业精神和钻研精神。特别是把两首诗关联起来进行教学设计，颇具匠心，这是一个很聪明的设计，很值得教师们借鉴。

但真正优质的阅读教学，是基于精准的文本分析的，是基于对文本的深刻把握的。如果只有讨巧的教学设计，缺乏扎实的文本研究，要上出"构思巧妙"、满堂喝彩的阅读课容易，而要上出真正有助于提升学生语文能力的课，却非常艰难。

春　望

杜　甫

国破山河在，城春草木深。

感时花溅泪，恨别鸟惊心。

烽火连三月，家书抵万金。

白头搔更短，浑欲不胜簪。

饮酒（其五）

陶渊明

结庐在人境，而无车马喧。

问君何能尔？心远地自偏。

采菊东篱下，悠然见南山。

山气日夕佳，飞鸟相与还。

此中有真意，欲辨已忘言。

1. "诗心"在哪里？

从文本宏观结构上分析这两个文本，可以得出以下结论。

《春望》，揭示了国与家庭及个人的联结。个人与家庭和国家，是一个命运共同体。国破所带来的，是城市的破败，家庭的离散，个人的哀伤。所谓杜甫的"忧国忧民"，在这首诗中就具体直观地体现在这一方面。这首诗也揭示出，杜甫的忧国忧民，并非仅仅是一个抽象的高大上的理念，而是与个人经验紧密相关的。杜甫明确地体验到、理性地认识到了个人遭遇与国家局势的关联。他在情感上的"忧国忧民"，实际上存在着一个经验的和理性的基础。

《饮酒》中，存在着一个由世俗世界返回内心世界的改变过程，"悠然见南山"还是此心之"见"，固然淡然，仍是自心显现的境界，绝不是"在一种无意识之中"。"山气日夕佳，飞鸟相与还"，这是把鸟与人对比而言的，意在揭示扫除机心和功利的、纯然的生命快乐。陶渊明的悠然，基于他对俗世功利的厌倦和对自然无功利的理解。简单地以陶渊明为"悠闲、自由、洒脱和愉悦"，尚在诗意的表皮。

看不到上面所述的诗意，就很难说"望见诗心"。也许你望见了这两首诗的皮或肉，但你没有望见它们的心。

2. 文本理解的章法

抓字眼的这种教学，不是分析式的，而是印证式的。通过这种教学，学生是无法获得有效的分析方法的。

第一首《春望》，看起来是很近于分析的。很幸运，《春望》的标题中，"望"确实是一个能够统摄整个文本的关键字。抓住"望"字，逐句解析，能够统合起来。因此，肖培东分析《春望》，让人觉得还是有整体感的。但这不是肖培东的分析方法带来的整体感，而是杜甫自己构造出的整体感——杜甫这首诗本身就是紧紧围绕"望"来写的。

但第二首就不这么幸运了。由于肖老师并无明确的分析工具和分析方法，就抓住一个"见"字，提出"见"可否用"望"字来替代——当然，这也不是肖老师的发明，古代的诗话中早就提出过这一问题并有对这一问题的议论。然而，一个"见"字，真的能够切入文本要核或诗人的诗心吗？这首诗中最关键的字，就是"见"吗？本诗 50 字，你是怎么确定这个"见"是最关键的一个字的呢？更重要的是，在课堂教学中，我们如何向学生证明，这个"见"是全诗最关键的一个字呢？

由"见"得出"超脱冥邈、神逸方外的悠闲心情"，主观地确定为这首诗的主旨，再用其他诗句来印证这份"悠闲"，这种"印证式"的教学方式，在语文阅读教学中比比皆是。印证完毕，就得出结论说这确实是这首诗的主旨。这种方式本质上是循环论证，在逻辑上是无效的。

这种方式还有一个致命问题：屏蔽了文本中与预设结论不

一致的语义信息。"人境""车马"这些暗示世俗世界的信息，就被无视了。

3.语义信息的提取

（1）"'春望'，即望春"。

这恐怕是错误的。"春望"，意思是"在春天里'望'"，而不是"望春"。如果是"望春"，"春"是"望"的对象。实际上，对家书的期待，对亲人的想望，这并不是"望春"。

（2）"望亲人"——"搔发"。

这首诗前两联是实实在在的"春望"，后两联却发生了表意的跃迁。"烽火连三月，家书抵万金"，这不再是实实在在用眼睛的"望"了，这是"想望"。从眼里的"望"，变成了心头的"望"。

"白头搔更短，浑欲不胜簪"，则是"无望"或几近于"绝望"了。诗人的眼光从外部世界收回来了，也从对亲人的想望收回来了，回到了他自己。这一联最绝妙的地方在"白头"——这白发在春天里显得特别具有颠覆感。自然的春天，自身的冬天。最后一联，既是对"望"的终止，也是对"春"的终结。这一联里，郁结着极其沉重的悲感。"选用搔发这一意识动作把满腔的愁情变成了可见可感的生动形象"，完全没有点出这一联的妙处，真可谓言不及义。

（3）"超脱冥邈、神逸方外的悠闲"。

《饮酒》一诗中，肖培东老师所说的这种"超脱冥邈、神逸方外的悠闲"，其实是有背景的。在这首诗中，"而无车马喧"是有暗示的，陶渊明懂得"车马喧"是什么，对"车马喧"感到厌倦;"心远地自偏",他是经历过红尘生活之后才看透红尘世界的——所以这种"超脱冥邈、神逸方外的悠闲",背后隐然是对俗世的厌倦。鲁迅也说陶渊明并不是一味悠然,肖老师不该不知道。

（4）整合:语义信息提取的高级阶段。

《春望》:"你望到怎样的诗人?望到了怎样的一颗心?"

"爱国,和平,忧国忧民,感时伤怀。"

杜甫的心有这么丰富吗?怎样的"一颗"心——这已经不是"一颗",而是"一堆"。

"爱国"——这首诗的主题能够被概括为"爱国"吗?

"和平"——这首诗的主题能够被概括为"和平"吗?

"忧国忧民"——这首诗的主题能够被概括为"忧国忧民"吗?

"感时伤怀"——这首诗所感的"时"是什么?所伤的"怀"是什么?难道不可以更明确一点吗?

这种模模糊糊、似是而非的理解,在语文教学中,实在是太多了。我们要培养学生整合文本信息的能力,用这种方式显然是不行的。

肖老师这篇文章表明,他在课堂构思、教学设计上的能力是十分突出的。这充分显示出他在教法考虑方面的聪明。但我仍然不得不说,阅读教学仅有一个新颖、出彩的设计,是远远不够的。

"望——见——诗心"。肖老师这样说,这样教,实际上不过是讨巧的做法——这两首诗中恰好有"望"和"见"两个关联视觉的动词，把两个动词联结起来，肖老师就觉得似乎找到很好的突破口了。

其实，《春望》的诗心，不在于"望"而在于绝望。《饮酒》的诗心，不在于"见"而在于"见"背后的"真意"。

肖老师一眼望去，他所望到的不是整个文本，而是文本中的两个字。要通过一字见一诗之心，多数时候不太可能。杜甫很忠厚体贴，给肖老师提供了方便；然而陶渊明不像老杜，所以肖老师只好把"见"字浓墨重彩地讲一番后就草草收场了。像这样望，我想是很难望见诗心的。

（三）文本解读是备课阶段最要紧的事

文本解读，是教师备课阶段最重要的事。无论对于古典诗歌，还是其他类型的文学文本来说，都是如此。很明显，如果教师不能准确、透彻地解读文本，那么，他在阅读教学之时，是不可能引导学生准确地理解文本的。

文本解读是专门的学问。有兴趣的读者可以参阅《方法与案例：语文经典篇目文本解读》和《文本解读与阅读教学讲谈》（华东师范大学出版社）。这里结合梭罗《神的一滴》，简单谈谈作为文本解读基础的语义分析。

语义分析是文本解读的最基础的工作。它的基本要求是根据语境来实现对语义的精准把握。这种把握，须力求不增不减。"不增"，就是不能牵强附会，过度诠释，强求深度；"不减"，就是不能有遗漏，理解到位，避免浅薄。

恰如其分，不打折扣，才是最好的理解。在文本解读中，最好的理解是指最准确的理解。下面是梭罗的《神的一滴》及对其语义的相关解说。在全国语文散文教学研讨会上，肖老师上过这篇课文。看了此课的课堂实录后，我对肖老师对此文本的解读不是很满意，因而对这篇课文作一个简单的语义分析，供读者参考。

神的一滴

梭 罗

湖是自然风景中最美、最有表情的姿容。它是大地的眼睛，望着它的人可以测出自己天性的深浅。湖边的树木宛若睫毛一样，而四周森林蓊郁的群山和山崖是它的浓密突出的眉毛。

我第一次划船在瓦尔登湖上游弋的时候，它的四周完全被浓密而高大的松树和橡树围着，有些山凹中，葡萄藤爬过了湖边的树，盘成一弯凉亭，船只可以在下面惬意地通过。湖岸边的山太峻峭，山上的树木又太高，所以从西端望下来，这里像一个圆形剧场，水上可以演出山林舞台剧。我年纪轻一点的时候，就在那儿消磨了好些光阴，像和风一样地在湖上漂浮。一个夏天的上午，我先把船划到湖心，而后背靠在座位上，似梦非梦地漂流着，直到船撞在沙滩上，惊醒的我才欠起身来，看看命运已把我推送到哪一个岸边来了。在那种日子里，懒惰是最诱惑人的事情，我就这样偷闲地度过了许多个上午。我宁愿把一天中最宝贵的光阴这样虚掷，我是富有的，虽然与金钱无关，因为我拥有阳光照耀的时辰以及夏令的日月，我挥霍着它们。可是，自从我离开这洒满古典生态阳光的湖岸之后，伐木人竟大砍大伐起来了。从此要有许多年不可能在林间的甬道上徜徉了，不可能在这样的森林中遇见湖水了。我的缪斯女神如果沉默了，她是情有可原的——森林已被砍伐，怎能希望鸟儿歌唱？

现在，湖底的树干，古老的独木舟，黑魆魆的四周的林木，都没有了，村民本来是连这个湖在什么地方都不知道的，如今却想到用一根管子来把这些湖水引到村中去给他们洗碗洗碟子了。这是和恒河之水一样地圣洁的水！而他们却想转动一个开关、拔起一个塞子就利用瓦尔登的湖水了！这恶魔似的铁马，那震耳欲聋的机器喧嚣声已经传遍全乡镇了，它已经用肮脏的工业脚步使湖水混浊了，正是它，把瓦尔登湖岸上的树木和风景吞噬了。

虽然伐木人已经把湖岸这一段和那一段的树木先后砍光了，爱尔兰人也已经在那儿建造了他们的陋室，铁路线已经侵入了它的边境，冰藏商人已经豪取过它的冰，然而，它仍然顽强地生存着，还是我在青春时代所见的湖水——它虽然有那么多的涟漪，却并没有一条永久性的皱纹。它永远年轻，我还可以站在那儿，看到一只飞燕坦然掠下，从水面衔走一条小虫，正和从前一样。今儿晚上，这感情又来袭击我了，仿佛二十多年来我并没有每天都和它在一起厮守一样，——啊，这是瓦尔登湖，还是我许多年之前发现的那个充满着神秘和活力的林中湖泊。这儿，去年冬天被砍伐了一片森林，而另一片林子已经拔地而起，在湖边蓬勃华丽地生长着。还是同样水潋潋的欢乐，内在的喜悦，创造者的喜悦，是的，这可能就是我的喜悦。

这湖当然是一个大勇者的作品，其中毫无一丝一毫的虚伪！他用他的手围起了这一泓湖水，在他的思想中愈来愈深化，愈来愈清澈，并把它传给了康科德河，我从康科德河的水面上又看到了同样的倒影，我几乎要惊呼：瓦尔登湖，是你吗？！

> 这不是我的梦，
> 用于装饰一行诗；
> 我不能更接近上帝和天堂
> 甚于我之生活在瓦尔登。
> 我是它的圆石岸
> 飘拂而过的风；
> 在我掌中的一握，
> 是它的水，它的沙，
> 而它的最深邃僻隐处
> 高高躺在我的思想中。

火车从来不停下来欣赏湖光山色，然而我想，那些司机和那些买了月票的旅客，常看到它，他们多少是会留心这些风景的。每天他们至少有一次机会与庄严、纯洁的瓦尔登湖相遇。对它，就算只有一瞥，也已经可以洗净现代繁华大街上的污浊和引擎上的油腻了。有人建议过，这湖可以称为"神的一滴"。

《神的一滴》节选自梭罗《瓦尔登湖》中的《湖》一篇，入选苏教版高中语文教材，题目是编者所加。

在备课阶段，我们首先考虑的是"教什么"。也就是确定怎样的教学内容。确定怎样的教学内容，虽然与学段相关，与学生的知识背景相关，但首先所依赖的是对文本的研究。

这个文本，最具有教学价值的东西是什么呢？

我们需要先来研究一下文本。乍看来，本文是一篇"写景散文（随笔）"。如果仅仅从"写景散文"这一类型去看文本，接下来去分析景物特征、写景手法、情景关系，我们很可能难以触及本文最核心、最有价值的东西。这个文本中，真正重要的是，透过文字所传达的观念思想。写景——这个文本中有什么了不起的景物描写吗？如果只看写景，文中并无多少直接写景的文字，写景文字还比不上朱自清的《荷塘月色》。梭罗的伟大在于他的观念和思想。他是一个思想者，一个哲学思想鲜明的人，这才是本文的文本特质所在，这才是最要紧的。因而，分析这一文本，就有必要首先梳理这个文本究竟传递了作者哪些观念和思想。

1. 按照文本次第，依次梳理

下面依据文本的顺序，对本文中所蕴含的梭罗的思想，作一个简要的梳理。

（1）自然与人的相互融入：比喻背后的观念。

"湖是自然风景中最美、最有表情的姿容。它是大地的眼睛，望着它的人可以测出自己天性的深浅。湖边的树木宛若睫毛一样，而四周森林翁郁的群山和山崖是它的浓密突出的眉毛。"

文本的第一段，使用了一系列比喻：把瓦尔登湖比喻为"大地的眼睛"，把"湖边的树木"比喻为"睫毛"，把"四周森林翁郁的群山和山崖"比喻为"浓密突出的眉毛"。这几个比喻完全都是围绕"眼睛"构造的，是相关的，配套的，我称之为"套喻"。

"套喻"可以强化几个比喻句之间的相关性，整体感更强。这是它的妙处。

瓦尔登湖是自然的，但这些比喻句都把它引向了"人"。"姿容"本指人的外貌仪容，这里的用词也是这样的思路。在接下来的第二段中，船只是"惬意"的，湖像个"可以演出山林舞台剧"的"圆形剧场"，都显示了把自然或非人类事物引向人的这个方向。

那么，人呢？作为人类的"我"呢？

第二段中有一个句子："我年纪轻一点的时候，就在那儿消磨了好些光阴，像和风一样地在湖上漂浮。"

"我"被比喻为"和风"。风是自然界的，这里是把人引向了自然。联系到第一段，我们可以看到，梭罗把自然引向人，把人引向自然，折射出"自然与人相互融入"的观念。事实上，在第一段中，"它是大地的眼睛，望着它的人可以测出自己天性的深浅"，也包含着类似的意思——自然是人的镜子，是人的标尺，也是人的观察者和测量者。自然与人密不可分。

（2）让命运随顺自然。

"一个夏天的上午，我先把船划到湖心，而后背靠在座位上，似梦非梦地漂流着，直到船撞在沙滩上，惊醒的我才欠起身来，看看命运已把我推送到哪一个岸边来了。"

人的一生并不确定，就像坐在船上漂流一般。命运具有不确定性，人的命运要随顺自然。

（3）生命的富有在于自在愉悦，可以与金钱无关。

"我宁愿把一天中最宝贵的光阴这样虚掷，我是富有的，虽然与金钱无关，因为我拥有阳光照耀的时辰以及夏令的日月，我挥霍着它们。"

没有功利追求的生命，在自然中消磨光阴，懒散，自在，这是富有的。可以"挥霍"，就意味着富有。

（4）自然是诗意的源泉。

"我的缪斯女神如果沉默了，她是情有可原的——森林已被砍伐，怎能希望鸟儿歌唱？"

这个句子具有一定的理解难度。"缪斯女神"是指文艺女神。"缪斯女神"沉默，是指诗意不再，"我的缪斯女神"沉默，是指"我"不再能进行艺术创造，就像鸟儿不再歌唱。"森林已被砍伐，怎能希望鸟儿歌唱？"意思是当自然被破坏，诗意就不复存在，艺术就没有了。

（5）工业文明对自然缺乏敬重，它是肮脏的，是破坏美的。

第三段所讲的，都是这个意思。

"村民本来是连这个湖在什么地方都不知道的，如今却想到用一根管子来把这些湖水引到村中去给他们洗碗洗碟子了。这是和恒河之水一样地圣洁的水！而他们却想转动一个开关、拔起一个塞子就利用瓦尔登的湖水了！"

瓦尔登湖的水如同恒河之水一样地圣洁，但工业文明制造出"管子""开关""塞子"，使得这些"连这个湖在什么地方都不知道的"村民，就能轻易地用这圣洁的水去做"洗碗洗碟子"这样凡俗的事。工业文明消减了人类对自然的敬重。

"这恶魔似的铁马，那震耳欲聋的机器喧嚣声已经传遍全乡镇了，它已经用肮脏的工业脚步使湖水混浊了，正是它，把瓦尔登湖岸上的树木和风景吞噬了。"

这是直接斥责工业文明的肮脏与破坏力。它破坏了自然，破坏了自然的美。

（6）自然具有神秘力量，它的美是永恒的。

第四段："虽然伐木人已经把湖岸这一段和那一段的树木先后砍光了，爱尔兰人也已经在那儿建造了他们的陋室，铁路线已经侵入了它的边境，冰藏商人已经豪取过它的冰，然而，它仍然顽强地生存着，还是我在青春时代所见的湖水——它虽然有那么多的涟漪，却并没有一条永久性的皱纹。它永远年轻，我还可以站在那儿，看到一只飞燕坦然掠下，从水面衔走一条小虫，正和从前一样。今儿晚上，这感情又来袭击我了，仿佛二十多年来我并没有每天都和它在一起厮守一样，——啊，这是瓦尔登湖，还是我许多年之前发现的那个充满着神秘和活力的林中湖泊。这儿，去年冬天被砍伐了一片森林，而另一片林子已经拔地而起，在湖边蓬勃华丽地生长着。还是同样水漉漉的欢乐，内在的喜悦，创造者的喜悦，是的，这可能就是我的喜悦。"

虽然人类掠夺并破坏自然，但自然拥有顽强的生存力和神秘的创造力。就像湖水，它"没有一条永久性的皱纹"，它能够自然而然地自我修复，"它永远年轻"。

（7）自然是无伪的真理，它是大勇者的创造。

第五段的理解，很有难度："这湖当然是一个大勇者的作品，其中毫无一丝一毫的虚伪！他用他的手围起了这一泓湖水，在他的思想中愈来愈深化，愈来愈清澈，并把它传给了康科德河，我从康科德河的水面上又看到了同样的倒影，我几乎要惊呼：瓦尔登湖，是你吗？！"

自然是不虚伪的，它是大勇者的创造。它就像真理一样"毫无一丝一毫的虚伪"，它是大勇者的"思想"的显现。自然对大勇者的思想的显现，会"愈来愈深化，愈来愈清澈"，而这种无伪的真理的显现，在自然中是普遍的，不止是在瓦尔登湖，在康科德河上也是如此。

（8）文中诗行的理解：自然是神性的，自然与人相融。

"这不是我的梦，/ 用于装饰一行诗；/ 我不能更接近上帝和天堂 / 甚于我之生活在瓦尔登。"

瓦尔登湖并不是一个诗歌艺术的梦幻，不是诗意的想象，它是接近大勇者的，具有神性。

"我是它的圆石岸 / 飘拂而过的风；/ 在我掌中的一握，/ 是它的水，它的沙，/ 而它的最深邃僻隐处 / 高高躺在我的思想中。"

"我是它的圆石岸 / 飘拂而过的风"，这就是说，人是自然中的事物，人是自然的一部分。"在我掌中的一握，/ 是它的水，它的沙，/ 而它的最深邃僻隐处 / 高高躺在我的思想中"，这就是说，自然也是与人紧密关联的——一方面，人类可以部分地掌握自然的形体；另一方面，自然的最深邃的思想，也深刻地存在于人类的意识之中（"躺"意味着可能存在于有待唤醒的潜意识中）。

（9）自然能洗涤现代文明的污浊，它是大勇者的创造。

最后一段中说，"对它，就算只有一瞥，也已经可以洗净现代繁华大街上的污浊和引擎上的油腻了"，意思是对自然的领悟，哪怕很小一点，都能够洗涤和净化现代工业文明的污浊，使人恢复纯净。此句之后，接下来的一句是文本的结尾句：有人建议过，这湖可以称为"神的一滴"。

由于此句接续前句，根据意义连贯性，"神的一滴"是指大勇者创造的一滴水——水有"洗净"的功能。

由于文本一开始就把瓦尔登湖比喻为眼睛，联系到这里的"一滴"，可以被理解为"一滴泪"。由此，这里也隐含着对现代工业文明摧残自然、辜负大勇者的意思。

2.总结性结论

根据前面的梳理，可知本文绝非一般的写景状物的文章。事实上，本文直接写景的部分是相当单薄的，文本中处处皆流露出梭罗对自然的理解、对工业文明背景下人类生活方式的反思。因此，这一文本的文本分析课的教学，应指向挖掘文本中梭罗的思想观念，分析梭罗对自然与现代文明的思考。

梭罗的生活方式及他对生活的理解，与村民、爱尔兰人、冰藏商人和生活在现代繁华大街上的其他人，都是有区别的。在这一点上，他类似于一位中国隐士。瓦尔登湖安静的一面类似桃花源，但它们之间的景观差异很大——桃花源中尽管纯朴但还充满人间烟火气息，其中的生产生活方式与外部世界并无本质差异。桃花源中的人所渴望的是安宁、和平，而梭罗所渴望的是接近大勇者并保持生命的喜悦、庄严和纯净。二者在境界上是不同的。

文本分析课的教学完成之后，可根据本文思想性，开掘思考空间，进一步展开文本评价课的教学——梭罗对工业文明的看法，有无偏颇之处？工业文明为何会应合人类的需要而出现和存在？我们如何更合理地看待自然与人类的关系？

无论是古典诗歌，还是一般的文学类文本，对文本进行谨慎、细密的语义分析都是极其重要的。这是备课中最要紧的工作，也最能考验教师的学科修为。

后　记

　　我在 2015 年提出对课型分类的思考，获得一些语文教研员和语文教师的认同。自 2017 年开始，我和成都市武侯区教育科学发展研究院的冯胜兰老师一起，着手收集并分析一些名师课例。在分析过程中，我们发现名师课例与我的课型构想很不相同，这促使我们转向了对语文阅读教学的学理的思考。经过两年多的课例研究，我们越来越清晰地认识到这些著名课例有很多局限，认为有必要精选若干具有代表性的课例进行深入剖析。

　　目前所见的评析课例的书，不少，实事求是地说，停留在浮泛的分析层面，或倾向于唱赞歌的，太多了。这较难为一线语文教师提供深入的思考和真正的教益。我们希望这本小书能够实实在在地带给读者启发，因此，我们特别留意学理的辨析和理性的检讨。我们相信，扬弃是发展所必需，批评是真正的动力。

　　本书大半是冯胜兰老师完成的。所有课例均由她搜集整理；为了节省篇幅，绝大部分课例都被浓缩为"教学流程概述"，这也均由她完成。我对每个课例都做了批注，然后由冯老师根据批注完成课例评析的撰写。每个课例评析的初稿完成后，我再来做补充论述和修订工作。应该说，没有她辛勤的付出，就不会有这本书。

在此，首先要感谢本书策划人朱永通先生。他对语文教学与教育现状的深刻理解，是这本书最好的助产士。

然后，我要感谢本书中这些课例的创造者。虽然我认为这些课例还存在着不少缺点，对一线教师形成了一些误导，但我同时认为，这些名师的探索是用心的和可贵的。通观我国语文教育界，韩军的哲学意识，郭初阳的质疑精神，都是极其宝贵的资产，尽管在这些课例中，它们的运用未必是恰当的。

此外，我还要感谢一些好友，他们出于好意，建议我不要列出相关名师的名字。其实起初我也有所顾虑，但问题是，如果不指明相关课例的执教者，则会侵犯这些名师的权利，也会妨碍读者们理解我们的分析。何况本书仅仅是根据我们的教学理解来进行评析，虽水平有限但并无恶意。学术如果缺乏争鸣，只是一味叫好，那肯定是不对的。本书完稿之前我已反复自省，认为我们的态度是建设性的。如果各位课例的执教者有什么反批评，我愿意坦然应对。

最后要感谢本书的读者。你们不仅是这本书的读者，也是语文教学的同行。我不奢望你们完全赞同本书中的评析，但希望你们能借此获得独立思考的机会。为了实现更高品质的阅读教学，我们一直在路上，并将继续在路上。在这条道路上，我们，包括本书所评析的名师们，都是一路同行的探索者。

罗晓晖

2019 年 9 月 19 日

图书在版编目（CIP）数据

追求更高品质的阅读教学：中学语文名师课例深度剖析 / 罗晓晖，冯胜兰著 . —上海：华东师范大学出版社，2020

ISBN 978‑7‑5760‑0326‑0

Ⅰ.①追 ... Ⅱ.①罗 ... ②冯 ... Ⅲ.①阅读课—教学研究—中学

Ⅳ.① G633.332

中国版本图书馆 CIP 数据核字（2020）第 059576 号

大夏书系·语文之道

追求更高品质的阅读教学
——中学语文名师课例深度剖析

著　者	罗晓晖　冯胜兰
策划编辑	朱永通
责任编辑	万丽丽
责任校对	殷艳红　杨　坤
封面设计	奇文云海·设计顾问

出版发行	华东师范大学出版社
社　　址	上海市中山北路 3663 号　邮编　200062
网　　址	www.ecnupress.com.cn
电　　话	021‑60821666　行政传真　021‑62572105
客服电话	021‑62865537
邮购电话	021‑62869887　地址　上海市中山北路 3663 号华东师范大学校内先锋路口
网　　店	http://hdsdcbs.tmall.com

印 刷 者	北京密兴印刷有限公司
开　　本	640×960　16 开
插　　页	1
印　　张	13
字　　数	135 千字
版　　次	2020 年 6 月第一版
印　　次	2022 年 8 月第三次
印　　数	9 101-12 100
书　　号	ISBN 978‑7‑5760‑0326‑0
定　　价	45.00 元

出 版 人	王　焰

（如发现本版图书有印订质量问题，请寄回本社市场部调换或电话 021-62865537 联系）